条例・規則作成の手引

〔改訂版〕

地方自治法規実務研究会　編集

第一法規

目　　次

第1編　理論編

第1章　はじめに

第2章　例規文書の種類と意義

第3章　立案に当たっての基本的考え方

第4章　条例等の制定・改廃の手続

第2編　技術編

第1章　条例・規則

第1節　基本形式

第2節　改正・廃止

第3節　規定内容の書き方

第2章　訓　令

第3章　告　示

第4章　公　告

第５章　主な法令用語の用い方

第3編　資料編

第1編 理 論 編

第１章　はじめに

第１　はじめに

１　地方公共団体と公文書

人間は共同生活を営み，様々な社会活動を行っている。社会の構成員がそれぞれ自分勝手に行動していては，人間の共同生活は営めない。そこで一定の共同生活の秩序ができあがってくる。

今日においては，このような社会の秩序を維持し社会生活を営んでいく上での規範として，国及び地方公共団体の作成する公文書は極めて重要な役割を果たしている。

公文書は部内における意思伝達の手段としてだけではなく，住民の権利・義務関係に大きな影響を与えているものであることを認識しておかなければならない。

２　例規文書の種類

地方公共団体が作成する公文書は，極めて多種類にわたっているが，特に住民の権利・義務に関係のある内容を持ち，制定等の手続も厳格に規定されている文書として例規文書がある。例規文書を更に分類すると次のとおりとなる。

⑴　法規文書

条例・規則，規程，委員会規則，会議規則及び企業管理規程などがある。

⑵　令達文書

地方公共団体の機関が，その意思を下級の行政機関又は特定の職員に下命し，又は特定の相手に対して行政行為を行う場合等に発する文書をいい，訓令，命令及び指令がある。

(3)　公示文書

地方公共団体が，一定の事項を広く住民に周知させるために発する文書をいい，公告及び告示がある。

3　形式，手続等の遵守

これらの例規文書は，いずれも地方公共団体が一定の形式等に従い，所定の手続を経て作成したものである。例規文書が，住民の権利・義務関係に影響を与えるものが多いだけに所定の形式，手続等を遵守すべきであることはいうまでもない。

例規文書の制定改廃事務を実際に処理している法規担当者はもとより，その他の職員も，地方公共団体の事務に従事していく上で例規文書の解釈や運用を抜きにして仕事をするわけにはいかず，これらに関する知識は不可欠なものとなっている。

以下これらの文書について，その意義，形式及び制定手続等を，文書の種類別に説明することとする。

第２章　例規文書の種類と意義

第１　条　例

１　意　義

⑴　広義の条例

地方公共団体又はその機関の長が，地方公共団体の自治立法権に基づいて制定する自主法をいう。広義の条例には，狭義の条例のほか長の規則，行政委員会の規則なども含まれる。

なお，憲法第94条に規定する「条例」は，この広義の条例を意味するものと解されている。

⑵　狭義の条例

地方公共団体が，地方自治法第２条第２項の事務について，その地方公共団体の議会の議決を経て（特別の要件を満たす場合には，地方公共団体の長の専決処分により）制定する法をいう。一般に「条例」というときはこの意味に用いられる。以下「条例」という場合はこの狭義の条例をいう。

２　性　質

条例は，その規定内容から次のとおり分類することができる。

⑴　住民の権利義務に規制を加える法規的性質を有するもの

地方自治法第14条第２項において，「普通地方公共団体は，義務を課し，又は権利を制限するには，法令に特別の定めがある場合を除くほか，条例によらなければならない。」とされている。

例　集会，デモ行進等を取り締まる公安条例，建築制限条例等

⑵　地方公共団体の組織，財務等の内部管理的事務について規定す

るもの

地方公共団体の局部課の設置に関する条例などがある。

例　職員の給与に関する条例，特別会計の設置等に関する条例等

⑶　住民の負担の根拠を規定するもの

税や分担金，負担金，使用料，手数料など住民の財政的負担を定める場合には必ず条例によることとされている。

例　税条例，分担金，負担金の徴収に関する条例

⑷　公の施設の設置管理について規定するもの

広く住民の利用に供する公の施設に係る条例であり，⑴，⑵両者の性質を合わせ有するもの

公の施設の設置管理条例がその典型的な例である。

例　県立博物館条例，市民会館条例等

⑸　その他

個々の行政の内容について定める条例や法律の施行内容を定める条例などがある。

例　県民の日条例，工場誘致条例，乾杯条例，観光振興条例等

３　所管事項

条例は，地方自治法第２条第２項の事務に関して，国の法令に違反しない限りにおいて制定することができる（地方自治法第14条第１項）ものであるが，以下に主な留意事項を掲げることとする。

⑴　法令に違反しないものであること

ア　憲法との関係

条例は，国法体系や国法秩序の頂点に立つ最高法規である憲法に違反するものであってはならない。特に，次の２点については注意を要する。

㋐　基本的人権との関係

憲法の保障する基本的人権に対して公共の福祉の要請により必要な制約を加える場合には，法律による規制が必要であ

る。これは，基本的人権に制約を加えることは，国民にとって重大な問題であるので，行政機関の命令で制約を加えることを禁じ，国会が議決した法律によらなければならないという趣旨である。この場合，この「法律」には，地方公共団体の事務に関する事項について，その地域の公共の福祉の見地から住民の基本的人権に制約を加える必要がある場合は，自治立法である条例をも含むと解されている。

(イ)　罪刑法定主義と条例

憲法第31条により，刑罰は法律によらなければ科せられない。一方，地方自治法第14条第３項（平成11年法律第87号による改正前の同条第５項）においては，地方公共団体は，その条例により刑を科することができる旨規定している。この規定が合憲か否か争われたが，最高裁判例（最大判昭37.5.30昭31年(あ)4289号）は次のとおり合憲としている（要旨）。

「条例は，公選の議員をもって組織する地方公共団体の議会の議決を経て制定される自治立法であって，国会の議決を経て制定される法律に類するものである。したがって，法律の授権が相当な程度に具体的，限定的であれば，条例で刑罰を定めることができる。

地方自治法第２条第３項のように相当に具体的な内容の事項につき，同法第14条第５項のように限定された刑罰の範囲内において，条例をもって罰則を定めることができるとしたのは，合憲である。」

イ　その他の法令との関係

条例は，それぞれの地方公共団体の区域内についてのみ効力を有するものであるから，その形式的効力は，全ての地方公共団体を通じて効力を有する法律及び法律の授権に基づく政令，府・省令の下位にあり，これらの法令に違反してはならない。

なお，法令に違反しないと認められる場合とは，次のとおりである。

(ア)　当該事項を規律する法令がなく，空白な状態になっているものを規律する条例

例　保護育成条例

(イ)　法令が規制している事項・対象と同一の事項・対象について，当該法令と異なった目的で規制する条例

例　畜犬取締条例

(ウ)　法令が規制している目的と同一の目的の下に，法令が規制対象外においている事項・対象を規制する条例(横出し条例)

この場合には，条例で規制しようとしている事項・対象が，当該法令においては無関心であると解されるときに限られる。当該法令が規制を定めている範囲が，当該目的の下ではそれで十分であると考え，当該法令以上の規制を予定していない趣旨と解される場合には，法令違反とされる。

例　文化財保護条例

(エ)　法令と同一の目的で，法令が規定している事項・対象につき法令より厳しい基準・規制をする条例（上乗せ条例）

この場合においても，(ウ)と同様の限界があることに注意する必要がある。

(オ)　法令の授権に基づき，その授権の範囲内において一定の事項を定める条例（委任条例）

例　風俗営業等の規制及び業務の適正化等に関する法律施行条例

(2)　地方自治法第２条第２項の事務であること

ア　地方自治法第２条第２項の事務

地方自治法第２条第２項では，「普通地方公共団体は，地域における事務及びその他の事務で法律又はこれに基づく政令に

より処理することとされるものを処理する。」と規定されている。この規定は，地方分権の推進を図るための関係法律の整備等に関する法律（平成11年法律第87号。以下「地方分権一括法」という。）において，それまでの公共事務，団体委任事務及びその他行政事務といういわゆる３事務区分が廃止されたこと，地方公共団体の権能を明らかにするという同項の本来の趣旨を踏まえて，規定されたものである。

ここで，「地域における事務」とは，地方公共団体が一定の区域内において行政を担う団体であり，その地域において幅広い事務処理職能を有していることを規定するものであり，地方公共団体が行っている事務のほとんどがこれに該当する。

また，地方自治法第１条の２第１項は，地方公共団体の役割について「地方公共団体は，住民の福祉の増進を図ることを基本として，地域における行政を自主的かつ総合的に実施する役割を広く担うものとする。」と規定するとともに，同条第２項において，「国においては国際社会における国家としての存立にかかわる事務，……その他の国が本来果たすべき役割を重点的に担い，住民に身近な行政はできる限り地方公共団体にゆだねることを基本」としている。

一方，「その他の事務で法律又はこれに基づく政令により処理することとされるもの」とは，地域における事務に該当しない事務であっても，地方公共団体が統治機構の一つとして，それを担うことが必要とされる場合があることを前提に，個別の法律又はこれに基づく政令に定めるところにより処理することを義務づけられる場合には地方公共団体の権能として当該事務を処理するものであることを示すものである。具体的な例としては，北方領土に本籍を有する者に係る戸籍事務を根室市が実施していることなどが挙げられている。

地方公共団体の事務は，次のとおり自治事務と法定受託事務に分類できる。

イ　自治事務

自治事務とは，「地方公共団体が処理する事務のうち，法定受託事務以外のもの」（地方自治法第２条第８項）と定義されている。また，「法律又はこれに基づく政令により地方公共団体が処理することとされる事務が自治事務である場合においては，国は，地方公共団体が地域の特性に応じて当該事務を処理することができるよう特に配慮しなければならない」（同法第２条第13項）とされるとともに，国又は都道府県の関与についても，助言・勧告，資料の提出の要求，是正の要求及び協議を自治事務に対する基本類型の関与とするとともに，それ以外の関与については，基本類型以外の関与として制限することとされている（同法第245条，第245条の３）。

具体的には，公園・運動場・広場の設置管理，都市計画の決定，飲食店営業の許可などがこれに当たる。

ウ　法定受託事務

法定受託事務とは，「法律又はこれに基づく政令により都道府県，市町村又は特別区が処理することとされる事務のうち，国が本来果たすべき役割に係るものであつて，国においてその適正な処理を特に確保する必要があるものとして法律又はこれに基づく政令に特に定めるもの」（地方自治法第２条第９項。第１号法定受託事務）と定義されている。一方，市町村又は特別区が処理することとされている事務で，都道府県の本来果たすべき役割に係るものについて，第２号法定受託事務とされている。また，法定受託事務については，地方自治法第２条第10項に基づき地方自治法又は地方自治法施行令の別表に掲げることとされている。

国又は都道府県の関与については，助言・勧告，資料の提出の要求，是正の要求，協議に加えて，同意，許可・認可・承認，指示，代執行も基本類型の関与とされている（地方自治法第245条，第245条の３）。また，国又は都道府県は，法定受託事務に対しては，地方自治法を根拠として，是正の指示，代執行を行うこと，処理するに当たりよるべき基準を定めることができる（同法第245条の7，第245条の8，第245条の９）。

具体的には，国政選挙，旅券の交付，国の指定統計，国道の管理などがこれに当たる。

従前，機関委任事務については，原則として条例を制定することができないものとされていたが，法定受託事務については，地方自治法第２条第２項の事務であり，法令に違反しない限りにおいて条例を制定することができるものである。なお，法定受託事務にあっては，法律又はこれに基づく政令等においてかなり多くの事項が法定化されているものが多いと考えられ，その結果として，法定受託事務に関して地方公共団体が条例を定める余地が少なくなったり，あるいは条例を制定した場合には法令に違反することになる場合が多いものと考えられる。

(3)　義務を課し，又は権利を制限する条例

地方自治法第14条第２項では，「普通地方公共団体は，義務を課し，又は権利を制限するには，法令に特別の定めがある場合を除くほか，条例によらなければならない。」とされている。この規定は，地方分権一括法において，いわゆる３事務区分が廃止されたことに伴い，それまで地方自治法における特別な意味として用いられていた「行政事務」という用語を用いることが適切でなくなったため，法律による行政の原理（侵害留保の原則）に基づいて，一定の範囲については条例という法規範によるべきことを規定したものとされている。

４　効　力

⑴　形式的効力（他の法令との関係）

ア　上位の法令との関係

条例は，国の法令に違反するときは効力を有しない。

ただ，法令に違反した条例が無効であるといっても，直ちにその条例を無視することはできない。条例が実際には無効であっても，適正な手続によって制定されている以上，一応は有効の推定を受ける。その条例の有効，無効については最終的には裁判所の判断をまつことになる（裁判所の法令審査権）。

条例が有効か無効かは，裁判所が最終的に判断するが，誰でも訴訟を提起し得るわけではなく，その条例によって権利又は利益を侵害された当事者のみが訴訟を提起し得ることとなる。

裁判の結果，その条例が無効という旨の判決があった場合は，その条例は訴訟当事者はもちろん一般の人々についても効力を失うか（絶対的無効），それとも訴訟の当事者についてのみ効力を失うか（相対的無効）については争いのあるところである。いずれにしても，無効の判決が確定した場合には，速やかに当該条例の改廃の措置をとるべきであろう。

イ　他の条例との関係

それぞれの地方公共団体の条例は，相互に独立の法域を有し，都道府県の条例と市町村の条例との間においても，原則として上位，下位の関係はない。ただし，地方自治法第２条第16項では「市町村及び特別区は，当該都道府県の条例に違反してその事務を処理してはならない。」とされている。

同一の地方公共団体の条例相互の関係では，後法優先の原理及び特別法優先の原理に従うこととなる。

ウ　規則との関係

条例と規則とは，原則として，形式的効力においては優劣の問題は生じないが，条例の委任に基づく規則及び条例の執行に関する規則は，条例に違反することはできないため，条例の改廃により当然その影響を受ける。

(2)　実質的効力

ア　時間的効力

(ア)　始　期

条例は，施行によって初めて法令としての効力を有する。

施行期日は，その条例の附則で規定されるのが一般的である。なお，附則に施行期日の定めがない場合は，公布の日から起算して10日を経過した日から施行される（地方自治法第16条第３項）。

公布の日は，原則として公報の日付の日とする。しかし，現実に公報の日付より発送の日が遅くなっているときには問題がある。このような場合は，国民が官報販売所等で購入し又は閲覧し得る最初の時点とされる。なお，掲示をもって公布とする場合は，公布に関する条例等で規定されている掲示場の全てに掲示を終えた日を公布の日とする。

(イ)　遡及適用

施行日以前の事実に対して効力を及ぼさせる遡及については別に説明する（第２編第１章第３節第２・４）。

(ウ)　終　期

終期を規定していない場合は，その条例が廃止されない限り効力を有する。

この例外としては，いわゆる「限時法」といわれるものがありこの場合は，制定の当初などにおいて有効期限・終期が定められている。

この場合は，当該条例は，定められた時期の到来により自動的に効力を失うため，特に廃止の措置をとることはない。

イ　地域的効力

条例は，地方公共団体がその自治立法権に基づいて制定するものであるから，原則として，当該地方公共団体の区域内においてのみ効力を有し，それ以外の区域には及ばない。この例外としては，地方自治法第244条の３の規定により，ある地方公共団体が，別の地方公共団体の区域内に公の施設を設置して，当該施設の設置及び管理に関する事項を定める条例を制定した場合などがある。

ウ　人的効力

条例は，地方公共団体の区域内に居住する住民にその効力が及ぶことは当然であるが，滞在者などをも拘束し得るのが原則である。

5　実効性の保障

条例には，その実効性を保障するため，その規定に違反した者に対して罰則を科する規定を設けることができる。

条例で罰則規定を定めることは，前述のように憲法の趣旨に反するものではない（Ｐ７参照）が，慎重に検討されなければならないことは当然である。

第２　規　則

１　意　義

規則には，最高裁判所が定める規則（最高裁判所規則）や各省大臣が定めるものなどもあるが，地方公共団体の規則には，次のようなものがある。

⑴　地方公共団体の長が，その権限に属する事務について制定する規則（地方自治法第15条第１項）

⑵　地方公共団体の委員会が，その権限に属する事務について制定する規則

例　人事委員会規則（地方公務員法第８条第５項），教育委員会規則（地方教育行政の組織及び運営に関する法律第15条），都道府県公安委員会規則（警察法第38条第５項）

以下では⑴の意味の規則について述べることとする。

２　性　質

⑴　条例との差異

条例も規則も，法規たる性質を有するものである点において同じであるが，両者の違いは，条例は，地方公共団体の事務に関し議会の議決を経て制定されるものであるのに対し，規則は，地方公共団体の長の権限に属する事務に関し長がこれを制定するものである点である。

条例と規則との関係は，一見法律と命令（政令，省令等）との関係に類似しているように考えられるが，同一視することはできない。なぜならば，命令は法律による委任がない限り独立して法規を定めることができないが，規則は，前述のように，その制約がないからである。

ただし，地方分権一括法により，機関委任事務制度が廃止され，また，地方自治法第14条第２項が，「普通地方公共団体は，行政事務の処理に関しては，法令に特別の定があるものを除く外，条例でこれを定めなければならない。」から「普通地方公共団体は，義務を課し，又は権利を制限するには，法令に特別の定めがある場合を除くほか，条例によらなければならない。」と改正された。

このことにより，地方分権一括法による改正前においては，権利義務規制に関し規則で定めることができる場合としては，

ア　機関委任事務である場合

イ　地方自治法第14条第２項の行政事務に該当しない場合（公共事務に関するものなど）

ウ　法律又は条例による委任がある場合

エ　侵害留保の原則の範囲外のもの，庁舎管理など地方公共団体の長の庁舎管理権等に基づき私人に対する行為制限が認められる場合

が考えられたが，地方分権一括法による改正後においては，ウ，エに当たる場合を除き，原則として権利義務規制は条例によることが必要となったものとされている。

(2)　府県令と規則

地方自治法施行前には，規則に相当する法形式として東京都令，北海道庁令，府県令などがあった。府県令は，府県知事が部内の行政事務について，職権又は特別の委任により発する命令で，法律，勅令，閣令及び省令の下にその効力を有するものであった（地方官官制第６条）。

しかし，日本国憲法施行後においては，日本国憲法施行の際現に効力を有する命令の規定の効力等に関する法律（昭和22年法律第72号）第１条により，府県令等のような命令の規定で，法律をもって規定すべき事項は，昭和22年12月31日まで法律と同一の効力を有するものとされたので，それ以後は，住民の権利義務に関する事項を規定しているものは効力を失った。しかし，これに当たらないもので，都道府県知事の権限に属するものを規定している府県令等は，地方自治法第15条第１項に規定する都道府県の規則と同一の効力を有するものとされた（地方自治法施行規程第２条）。

3　所管事項

普通地方公共団体の長は，法令に違反しない限りにおいて，その権限に属する事務に関し，規則を制定することができる（地方自治法第15条第１項）ものであるが，以下に主な留意事項を掲げることとする。

(1)　法令に違反しないものであること

条例の場合と同様である（P６参照）。

(2) 地方公共団体の長の権限に属する事務であること

地方自治法第148条では，「普通地方公共団体の長は，当該普通地方公共団体の事務を管理し及びこれを執行する。」と規定している。これは，長の統括代表権を規定する同法第147条及び長の担任事務を規定する第149条と併せて，普通地方公共団体の長の権限の包括性及び網羅性を規定しているものとされている。すなわち，この規定により，都道府県知事又は市町村長は，当該団体の事務処理について広く管理執行権限を有することの推定を受けることとなり，法律又は政令により他の執行機関の権限とされていない事務については，都道府県知事又は市町村長の権限に属する事務として考えることができる。

ただし，住民に義務を課し，又は権利を制限するには，条例によらなければならないこととされている（P11参照）。

また，法令に条例で定める旨あるいは規則で定める旨の規定があるものは，その定めるところによる。条例又は規則のいずれの専属的管轄にも属さない事務については，条例で定めるべきか規則で定めるべきかの問題が生じる。この場合は，いずれでも差し支えないと考えられる。ただ，先に条例で定められた場合には，もはや規則は制定し得ないが，規則が制定されている場合に，改めて条例を制定することは可能であると解されている。

4　効　力

規則の効力については，条例の効力で前述したところとほぼ同様である（P12参照）。

ただ，規則と他の執行機関などが制定する規則とは，その所管事項の違いから，原則として矛盾抵触することは考えられないが，地方公営企業管理者の制定する企業管理規程は当該地方公共団体の規則又はその機関が定める規則に違反しない範囲で制定しなければならない点に注意を要する（地方公営企業法第10条）。

5　実効性の保障

規則にも，その実効性を保障するため，行政罰を設けることができる。

⑴　過　料

規則には，法令に特別の定めがあるものを除くほか５万円以下の過料を科する旨の規定を設けることができる（地方自治法第15条第２項）。過料を科する権限は，地方公共団体の長にある（地方自治法第149条第３号）。

⑵　刑　罰

規則は，条例と異なり，刑罰の一般的委任は認められていないので，個別的な法律による具体的な委任がある場合のほか，刑罰規定を設けることができない。

⑶　規則における行政罰と法令との抵触関係

法令が特別に，過料の最高限度額を規定し，又は規則に刑罰を委任している場合には，それに従うことになる。また，法令自らが，規則違反者に対する刑罰を規定している場合には，規則中に過料の定めを設けることはできないと解されている（行政実例昭和30.8.23自丁行発113参照）。

第３　訓　令

1　意　義

訓令とは，令達文書の一種で，上級機関の有する指揮監督権に基づいて，上級機関が下級機関に対して発する命令をいう。訓令は，指揮監督権に基づく命令をその内容とするものであるから，制定について法令の根拠を要するものではない。なお，地方分権一括法により，平成12年４月１日から機関委任事務制度が廃止されたことにより，国の機関と地方公共団体の機関との間，都道府県の機関と市区町村の機関との間において，訓令（通達）がだされることは，原則としてないものである。

2　性　質

(1)　訓令は，所管の行政機関に対する命令であって，行政機関の内部的な規範であり，直接住民をその規制の対象とするものではないため，原則として法規たる性格を有しない。

(2)　訓令は，行政機関に対するものであり，公務員個人に対する命令である職務命令とは区別される。すなわち，

ア　訓令は，下級行政機関の機関意思を拘束するのに対して，職務命令は，公務員個人を拘束する。

イ　訓令は，行政機関の所掌事務についてのみ拘束するが，職務命令は，公務員の職務に関する限り，服務等生活行動の面についても拘束する。

一応このように区別できるが，ある行政機関に訓令が発せられると，当該行政機関を構成する公務員もその訓令に拘束されることになるのであり，この限りにおいて，訓令は職務命令の性質を持つことが多い。

3　効　力

訓令が有効であるためには，おおよそ次に掲げる要件に該当しなければならない。

(1)　指揮権を有する上級行政機関から発せられたものであること。

(2)　下級行政機関の所掌事務に関するものであること。この場合においても，下級行政機関の権限行使の独立性を認めなければならない事項は除かれるものと解される。

(3)　内容の実現が可能であり，かつ，内容が不明確でないこと。

(4)　内容が適法であること。すなわち，国の法令，条例，規則などに違反していないこと。

なお，訓令は，一般に公報に登載される。その効力の発生時期は，

訓令自体で定められるが，定められていない場合は，現実に公表した日から効力を発生するものと解する。

第4　告　示

1　意　義

告示とは，公の機関が指定，決定などの処分その他の事項を公式に広く一般に知らせる行為又はその行為の形式の一種をいう。

国の場合には，国家行政組織法第14条第1項（中央省庁等改革後における内閣府については，内閣府設置法第7条第5項）において，告示を発する権限が規定されているが，地方公共団体の場合には，このような規定はない。しかし，地方公共団体の執行機関も告示を発する権限を有するものと解されており，このことを前提とする法律の規定は少なくない（地方自治法第101条第7項，公職選挙法第33条第5項）。

2　性　質

告示は，法律上の性質により次のように区別される。

⑴　行政上の処置としての性質を有する告示

ア　一般処分としての性質を有する告示

行政処分のうち，不特定多数の者の権利義務を権力的に定める処分を一般処分といい，通常は告示の形式をもって示される。

例　保険医療機関若しくは保険薬局を指定する告示

イ　法規の定立としての性質を有する告示

地方公共団体における法規の定立は，原則として条例又は規則の制定により行われるが，規則等を制定した場合に，当該規則を実施するためにその内容を補充して一定の事項を定める場合は，その告示は法規の定立としての性質を持つことになる。

例　公職選挙法第33条の規定に基づく選挙期日の告示

ウ　行政規則としての性質を持つ告示

行政規則は，行政事務の内部的配分や処理，庁舎等の管理などに関する定めをいい，規則，訓令等によって定められるのが原則である。しかし，実質上その内容が広く不特定多数の者に影響を与えることがあるため，告示の形式で定められることがある。

⑵　事実の通知行為としての性質を有する告示

ア　準法律行為的行政行為としての告示

告示は，行政庁が不特定多数の者に対して一定の事項を知らせる場合に用いられることがあり，この通知をすることにより一定の法律的効果が生じる場合がある。この場合は，法令が特に告示により公示する旨を規定していることが多い。

例　土地収用法第26条第１項

イ　事実行為としての性質を有する告示

不特定多数の者に対する一定の事項を通知する行為としての告示のうち，何らの法律的効果も生じない単なる事実行為としての告示がある。

3　効　力

告示は，告示自体に特別の定めがない限り，告示の日（公報に登載された日）から効力を発生する。ただし，法規の定立としての性質を有する告示について，告示自体に発生の時期が定められていないものは，公表の日から起算して10日を経過した日から効力を発生すると解されている。

第5　公　告

1　意　義

公告とは，文書をもって一定の事項を広く一般の人に知らせる行為又はその行為の形式をいう。公告の目的には，次のようなものがある。

⑴　利害関係人の範囲が広範囲又は不特定であるとき，これらの者に対して権利行使又は異議申出等の機会を与えるためのもの（民法第240条（遺失物の拾得）等）。

⑵　一定の事項を社会一般に公示するためのもの（国家公務員法第47条第１項（採用試験の告知）等）。

⑶　所在不明者に対する通知手段のためのもの（刑事訴訟法第499条（押収物の還付）等）。

２　性　質

公告は，告示とその資質が似ているところがあり，その差異は，実定法上も実際上も必ずしも明確ではない。しかし，公示することにより一定の法律的効果が生じるようなものは告示をもって公示することが妥当である。

第３章　立案に当たっての基本的考え方

第１　はじめに

条例，規則等を定めるに当たっては，定めようとする事項を明確に整理し，その事項にふさわしい内容と形式を備えたものとしなければならない。形式に関する技術的な約束については，第２編で詳しく述べることとし，ここでは，条例及び規則（以下本章において「条例等」という。）を念頭において立案に当たっての基本的な考え方について述べることとする。

第２　内容面について

１　立法内容の把握

条例等の制定・改廃の作業は，まず，施策の方針のうち，立法の対象となるものを明確に把握し，これをどう立法化するかを考えることから始まる。立法化に当たっては，立法の趣旨，目的，対象とすべき事項を整理して把握することが大事である。

２　法的適格性

条例等で定める内容が，法たるにふさわしいものであるかを検討することが必要である。

⑴　規範性

一定の施策を条例等の内容としようとする場合には，それが地方公共団体の公権力をもって住民にその遵守を要求し，その実現を強制するにふさわしいものでなければならない。一定の行政目的の実現をめざすとしても，それらを全て条例等の対象とすることにはならない。地方公共団体の事務には行政指導や行政広報などの行政上の措置で十分成果が期待できるものも多いので法規範とする必要性があるかを十分検討すべきである。

⑵　実効性

条例等が立案された場合，それが住民に遵守されることが十分期待されるものでなければならない。条例等の内容が社会の平均人に守るべきこと又は正しいこととして認識されるものでなければ条例等の実効性を欠くことになる。

3　法的正当性

条例等の内容は，法の理念からみて正当なものでなければならない。特に，条例等が権力的規制を内容とする場合は，基本的人権に最大限の尊重を払わなければならない。

4　法的協調性

条例等の内容は，既存の法体系に整合するものでなければならない。

⑴　既存法体系との論理的統一性

新たに制定された条例等も，既存の法令との間に全体として論理的に統一のとれた体系として組み込まれるものでなければならない。

⑵　既存法体系との調和と均衡

新たに制定された条例等は，既存の法体系の中で調和，均衡のとれた関係になっていなければならない。具体的には，法令の所管事項，形式的効力の原理，後法優先の原理又は特別法優先の原理等に留意することが必要である。

第３　形式面について

1　表現の正確性

条例等の表現は，正確にその内容を表すものでなければならない。

表現があいまいなものであった場合は，実現しようとする行政目的を達成し得ないのみならず，その目的とは異なった結果を生み出すことにもなりかねない。

⑴　用語の正確性

条例等の内容を表現するには，その言語的な表現が正確に法の内容を表していなければならない。そのためには次の事項に留意する必要がある。

ア　用字・用語は，その慣例に従って正しく用いること。

イ　同一法令内はもとより，他法令との関係においても，同じ意味内容を表現するには同じ用語を用い，異なる意味内容に同じ用語を用いることがないようにすること。

ウ　用語の意味が，広範なもの，多義的なものは避ける。そのような用語を使用しなければならないときは，定義規定を設けるなどの工夫をすること。

⑵　表現構成の正確性

条例等は，論理的に統一のとれた体系を形作るものでなければならない。そのためには，次の事項に留意する必要がある。

ア　立法内容のうち，法的な規律に必要で十分な事実のみを法的要件として選び出し，それを論理的に構成すること。

イ　法的要件として規定された法的事実に対する法的効果を正確に記述し，法的要件と法的効果を結合させること。

ウ　全体として，論理的な統一が保たれていること。

2　表現の平易・簡潔性

条例等の表現は，平易でわかりやすく，簡潔なものとすること。表現が難解であったり不親切なものであったりすれば，住民の理解を求めることは難しく，その遵守も期待できない。しかし，平易・簡潔性を求めるあまり，正確性を損なうことがあってはならないので，十分注意する必要がある。

その他，次の事項に留意する必要がある。

⑴　日常生活に用いられる平易な用語，文体を用いること。

⑵　法文はできるだけ簡潔に表現し，冗長にならないようにすること。

⑶　主語と述語の間を離し過ぎないようにすること。そのためには，括弧書き又は各号列記の方法を適宜用いること。

⑷　定義規定や略称規定などを工夫し，語句の簡略化を図ること。

⑸　図，表，算式などを用い，内容の理解を容易にすること。

３　形式の遵守

条例等の内容を明確にし，その理解を容易にするためには前述のような表現の正確性，平易・簡潔性に留意するほか，その形式の整備についても十分注意する必要がある。これについては第２編で詳しく述べることとする。

第４　その他の留意事項について

前述したところのほか，次の事項に留意する必要がある。

１　数人で検討すること

立案者が作成した案文を，数人で検討してみることは，立案者が気付かなかった間違いなどが発見されることがあり，重要である。

２　時間をおいて再検討してみること

立案していると，知らず知らずのうちに思考が一定の方向に傾いていることが多い。したがって，一定の時間をおいて再検討してみることは，新しい角度から見直すことになり有効である。

３　第三者に検討・確認してもらうこと

立案に直接関与していなかった第三者に案文を検討・確認してもらうことも２と同様の理由で有効である。地方公共団体においては，法令審査会などを設けて検討しているところも多い。

４　何回も浄書してみること

修正した法文は，修正の都度必ず浄書してみること。浄書することにより，案文を整理した形で見直すことができるので有意義である。

5　他の法令及び前例等の実例を参考にすること

類似の条例等や他の法令の実例を参考とし，既存の法令との統一性等に配慮することも大切なことである。

6　検討の過程は保存しておくこと

立案過程で議論され，検討されたことは，その経緯がわかるように保存しておき，今後の法令審査や類似の立法の参考となるようにすべきである。

なお，法令に用いる用字，用語については，国の場合

⑴　使われる漢字の範囲は，いわゆる常用漢字表に示されているものによること。

⑵　漢字の字体は，同じく常用漢字表に示されている通用字体によること。

⑶　仮名遣いは，いわゆる現代仮名遣いによること。

⑷　送り仮名は，国語審議会の答申を基礎として内閣法制局が平成22年11月に定めた「法令における漢字使用等について」によること。

となっており，これらを参考として，簡潔で的確な用語を用いるようにすることが求められる。

第４章　条例等の制定・改廃の手続

第１　発　案

条例については発案権が①長及び議員の双方にあるもの，②長に専属するもの，③議員だけに認められるものの３種に大別される。

規則や教育委員会規則，公安委員会規則，人事委員会規則等はそれぞれ地方自治法，地方教育行政の組織及び運営に関する法律，警察法，地方公務員法等によって制定者が特定されており発案権の問題は生じない。

なお，住民が地方自治法第74条によって条例の制定又は改廃について直接請求を行う場合があり，実質的に発案権を有することがある。

第２　条例等の発案に関する留意点

1　議員が発案する場合については，文書をもって行わなければならない（地方自治法第112条第３項）が，長が発案する場合については，法律上規定がない。

2　教育に関する事務について定める条例案を長が作成する場合においては，教育委員会の意見を聴かなければならない（地方教育行政の組織及び運営に関する法律第29条）。

3　新たに予算を伴う条例案は，必要な予算上の措置が適確に講ぜられる見込みが得られるまでの間は，これを議会に提出してはならない（地方自治法第222条第１項）。

4　住民の直接請求に基づく条例案は，長が，その請求を受理した日から20日以内に議会を招集し，意見を付けてこれを議会に付議しなければならない（地方自治法第74条第３項）。

第３　議会の議決

１　条例は，出席議員の過半数の同意をもって成立する。

出席議員とは，採決の際議場にある議員で議長を除いた議員である。

議長は，可否同数の場合に，裁決の権限を有する（地方自治法第116条第１項）。

２　地方公共団体の事務所の位置の設定に関する条例案及び再議に付した条例案は，１にかかわらず出席議員の３分の２以上の同意が必要である（地方自治法第４条第３項，第176条第３項）。

第４　公　布

１　条例の公布手続

議長は，条例の制定又は改廃があったときは，議決の日の翌日から起算して３日目までに当該条例を長に送付しなければならない（地方自治法第16条第１項）。

長は，議会から送付された条例について，再議の措置や審査の請求等の措置を講ずる必要がないと決定したときは，送付を受けた日の翌日から起算して20日の間に公布しなければならない（地方自治法第16条第２項）。

なお，公布の具体的な方法は，県であれば各県の県公報に登載して公布される。

２　規則の公布手続

規則は，長によって制定される。規則は，長の決裁によって成立し，法令に特別の定め（例　漁業法第65条第７項など）がある場合を除いて，国（市区町村の場合は，国又は都道府県）の許認可を要しない。

規則は条例と同様，公布によって効力を発生する。

第５　条例等の制定の特殊な場合

1　条例は，議会の議決を経て制定されるのが普通であるが，一定の場合においては長限りで制定する場合がある。すなわち，地方自治法第179条により長が専決処分で制定する場合である。

2　通常の場合においては，条例は，議会の議決だけで，規則は，長の制定行為だけで成立し，別段国（市区町村の場合は，国又は都道府県）の許認可，承認等を要しないが，特別の場合には，法令の規定によって許認可等を有効要件とする場合がある。後者の例としては漁業法第65条第７項の認可がある。

また，条例を制定する場合に，国や他の地方公共団体との協議を義務づけている場合がある。国との協議の例としては，地方自治法第４条の２第３項が，他の地方公共団体との協議の例としては地方自治法第252条の17の２第２項がある。

第 2 編　技 術 編

第１章　条例・規則

第1節　基本形式

第１　形式の区分

条例・規則（以下本章において「条例等」という。）は，制定の原因の相違によって，次のとおり区分され，それぞれの場合ごとに形式を異にしている。

1　新制定　　新たに条例等を制定する場合の形式
2　一部改正　既存の条例等の内容の一部を改正することを目的として制定する場合の形式
3　全部改正　既存の条例等の全般にわたってその内容を改正することを目的として制定する場合の形式
4　廃　止　　既存の条例等を廃止することを目的として制定する場合の形式

第２　基本形式

条例等の基本形式について，条例等の新制定の場合を例にして説明することとする。

なお，条例と規則は，制定手続をはじめ改正方法まで，立法技術上はほとんど同じであるため，以下の説明においては，特に両者を区別して説明することはしない。

1　公布文・公布年月日・公布権者

条例等の基本形式　○○市（町村）条例第　　号

各部位の名称等	形式																					
公布文		何	何	○	○	○	○	○	○	○	○	○	○	○	○	○	○	○	○	○	○	(2 字 目)
	○	○	を	こ	こ	に	公	布	す	る	。											(折り返し 1 字 目)
			令	和				年			月			日								(3 字 目)
						○	○	市	長					×		×		×		×		(6字目以下)
条例番号	○	○	第			号																(1 字 目)
題名				○	○	○	○	○	○	○	○	○	○	○	○	○	○	○	○	○	○	(4 字 目)
				○	○	○	○	○														(折り返し 4 字 目)
	目	次																				(1 字 目)
		第	1	章		何	何															(2 字 目)
			第	1	節		何	何														(3 字 目)
				第	1	款		何	何	（	第	何	条	—	第	何	条	）				(4 字 目)
				第	2	款		何	何	（	第	何	条	—	第	何	条	）				
目次			第	2	節		何	何	（	第	何	条	—	第	何	条	）					
		第	2	章		何	何	（	第	何	条	—	第	何	条	）						
		第	3	章		何	何															
			第	1	節		何	何	（	第	何	条	—	第	何	条	）					
					（	中	略	）														
		附	則																			(2 字 目)
本則				第	1	章		何	何													(4 字 目)
					第	1	節		何	何												(5 字 目)
						第	1	款		何	何											(6 字 目)
(見出し)		（	何	何	）																	(2 字 目)
	・	Ⅰ																				
(第１条第１項)	第	1	条		○	○	○	○	○	○	○	○	○	○	○	○	○	○	○	○	○	(1 字 目)
		○	○	○	○	○	○	○	○	○	。											(2 字 目)
			・	Ⅱ										・	Ⅲ							
(第１条第２項)	2		○	○	○	○	○	○	○	○	○	○	。	た	だ	し	，	○	○	○	○	○	(1 字 目)
		○	○	○	。																	(2 字 目)
・Ⅰ条名		（	何	何	）																	
・Ⅱ本文					・	Ⅳ										・	Ⅴ					
	第	何	条		○	○	○	○	○	○	○	○	○	○	。	○	○	○	○	○	○	○	
・Ⅲただし書		○	○	○	○	○	○	○	○	。												
	第	何	条		○	○	○	○	○	○	○	○	○	○	○	。						
・Ⅳ前段		・	Ⅵ																			
・Ⅴ後段		(1)		○	○	○	○	○	○	○	○	○	○	○	○	○	○	○	○	○	○	(2 字 目)
			○	○	○	。																(3 字 目)
・Ⅵ第×条第１号		(2)		○	○	○	○	○	○	○	○	○	○	○	。							
		（	中	略	）																	
				附		則																(4 字 目)
附則	1		○	○	○	○	○	○	○	○	○	○	○	○	○	○	○	○	○	○	○	○	(1 字 目)
		○	○	○	○	。																(2 字 目)
	2		○	○	○	○	○	○	○	○	○	○	○	○	○	○	。					

⑴　公布文

公布文とは，条例等を公布する旨の公布権者の意思を表明する文章をいい，公布される条例等ごとにその冒頭に置かれるものである。しかし，公布文は，条例等の一部を成すものではない。

⑵　公布年月日

公布年月日は，条例等を公布する年月日である。条例等が登載された公報の発行日がこれに当たる。

⑶　公布権者

条例の公布権者は，地方公共団体の長である（地方自治法第16条第２項）。なお，条例の制定権者は議会である（地方自治法第96条第１項第１号）。

2　条例等の番号

条例等には，条例・規則の別に，条例番号又は規則番号が付けられる。この番号は，暦年ごとに公布の順序に従って制定改廃の区別なく第１号から一連の番号が付けられる。

条例等に番号を付するのは，題名だけでは条例等の特定が困難な場合（例えば，毎年改正を行う○○条例の一部を改正する条例など）に，条例等を特定できるようにするためである。

条例等の番号は，条例等が一部改正されても変わらない。ただし，全部改正の場合は，既存の条例等を廃止し，新たに条例等を制定することと実質的に変わらないため，全部改正した条例等の番号が新しい条例等の番号として用いられることとなる。

条例番号は，条例等の一部を成すものではない。

3　題　名

条例等には，全て題名を付ける。題名以下は，条例等の一部を成すものである。

題名を付けるに当たっては，簡潔なものであること，その内容を的確に表現することなどに注意しなければならない。

⑴　新制定の場合

新たに条例等を制定する場合には，「○○に関する条例（規則)」とか「○○条例（規則)」というような題名を付ける。なお，一見してどこの地方公共団体の条例であるかわかるように地方公共団体名を冠するのが一般的である。

例　○○○県○○○○条例

以下，特に注意すべき点について述べることとする。

ア　法律の委任に基づいて制定される条例等

法律の委任に基づいて制定される条例等は，「○○法施行条例」あるいは「○○法施行細則」(各省大臣などが法律を施行するために制定する「規則」と区別するため「細則」を用いるのが一般的である。）というような題名を付ける。

イ　条例を施行するための規則

条例を施行するための規則は，「○○条例施行規則」というような題名を付ける。

ウ　「等」の使い方

いくつかの事項を内容とする条例等の題名には，題名を簡略化するために，「等」の文字を使用することがある。この場合には，「等」に含まれる内容が，「等」の上の字句の表す事項に関連のある事項の範囲に限るように注意しなければならない。

また，原則として，関連する事項が二つである場合には「及び」で結び，「等」を用いる場合は関連する事項が三つ以上のときに限られる。

例　○○○等に関する条例

⑵　一部改正の場合

既存の条例等の一部を改正する場合には，「○○条例（規則）の一部を改正する条例（規則)」というような題名を付ける。

なお，同時に二つの条例等を改正する場合は，「○○条例（規則）及び○○条例（規則）の一部を改正する条例（規則）」とし，同時に三つ以上の条例等を改正する場合は，「○○条例（規則）等の一部を改正する条例（規則）」とする。

(3)　全部改正の場合

既存の条例等の全部を改正する場合は，「○○条例（規則）の全部を改正する条例（規則）」とはしないで，新たに制定する場合と同様とする。なお，従来の条例（規則）の全部を改正した旨を示す「制定文」を題名の直後に置く。

例

×××○○県公有財産事務取扱規則

×○○県公有財産事務取扱規則（平成○年○○県規則第○号）の全部を改正する。

(4)　廃止の場合

既存の条例等を廃止する場合は，「○○条例（規則）を廃止する条例（規則）」というような題名を付ける。

4　目　次

目次は，条の数が多い条例等について，その内容の把握及び規定の検索を容易にするために，題名の次に置かれるものである。なお，過去に全部改正が行われていて，制定文が置かれている場合は，その次に置かれる。

(1)　目次には，章名，節名等を書き，その次に括弧書きでそれぞれに属する条の範囲を示すことになる。

ア　章だけで区分されている場合

例

第１章　○○○○（第１条）

第2章　○○○○（第2条・第3条）
第3章　○○○○（第4条―第7条）
　　⋮

イ　章が節に細分され，全ての条がいずれかの節に属している場合

例
第2章　○○○○
　第1節　○○○○（第2条）
　第2節　○○○○（第3条・第4条）
　第3節　○○○○（第5条―第7条）

ウ　章が節に細分され，章に含まれる条の一部（次の例では第2条）がいずれの節にも属していない場合

例
第2章　○○○○（第2条―第7条）
　第1節　○○○○（第3条・第4条）
　第2節　○○○○（第5条―第7条）

⑵　附則の次には，括弧書きは付けない。
⑶　別表，様式等は，目次には記載しない。
⑷　既存の条例等の一部を改正する条例等には，目次は付けない。

5　本　則

条例等の内容のうち，本体的内容を規定する部分を本則という。形式上は，題名（目次がある場合には，目次）の次から附則の前までの部分をいう。

なお，ここでは本則の基本形式について説明することとし，本則の意義や留意事項等については「第３節　規定内容の書き方」で説明することとする。

⑴　章，節等

本則が多数の条で成り立っている場合は，これを章，節等に区分する。このうち，基本的に用いられる区分は「章」の区分である。章を更に区分する場合は「節」の区分を用い，節を更に区分する場合は「款」の区分を用いる。また，民法等の条の数が多い法律では，章の区分の上に「編」が置かれている。

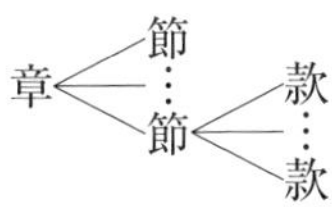

⑵　条

本則の規定は，その内容が極めて簡単で，条に区分するまでもない場合を除き，第１条，第２条というように条に区分する。この序数の部分を「条名（じょうめい）」という。

これは，条例等の内容を理解しやすくするとともに，検索を容易にするのが目的である。

なお，条名の中に「第○条の２」，「第○条の３」などのように枝番号になっているものがあるが，これは当該条例等の改正において条文の追加があった結果であって，新制定の場合には，枝番号による条を置くことはない。

⑶　項

一つの条の中で，法文に区切りをつける必要がある場合は，これを「項」に分ける。この場合は，原則として別行を起こして，順序に応じて番号（項番号）を付ける。項は，もともと条の中の文章の段落といった意味であり，項番号も，内容の理解，検索及び引用の便宜のために付けられたものである。通常，項のうちの第１項に当たる部分は，条名が付され，第１項を兼ねる扱いとなっているため，項番号は付けないので，呼称の際には注意する必要がある。ただし，条によらず，項だけで成り立っている場合には，これらの項は条中の項とは異なり，条と同じ独立性を有するものとなるから，第１項にも項番号を付ける。

なお，項番号には枝番号を用いることはできないこととされている。

例１

（評議員の定数及び任期）

第10条　評議員会の委員（以下「評議員」という。）の数は，15人以内とする。

２　評議員の任期は，２年とする。ただし，欠員が生じた場合の補欠評議員の任期は，前任者の残任期間とする。

３　評議員は，再任されることができる。

例２

特別職の指定に関する条例

１　地方公務員法（昭和25年法律第261号）第３条第３項第４号の規定に基づき，知事の専任の秘書の職を特定職として指定する。

２　前項の特別職の職員は，１人とする。

(4)　号

条又は項の中でいくつかの事項を列記する場合には，「(1)，(2)…」というようにアラビア数字を括弧で囲って表す。これを「号」という。

号に付されているアラビア数字は，「号名」であり，項番号とは異なりその号の固有の名称である。したがって，条例等の一部改正の結果「(1)の2，(1)の３…」というように枝番号による号名が生じることもあるのは条と同様である（例１）。

号を更に細かくいくつかの列記事項に分ける必要があるときは，ア，イ，ウなどに区分する（例２）。

例１

（許可を要する行為）

第２条　風致地区において，……（中略），知事の許可を受けなければならない。

(1)　建築物その他の工作物……（中略），新築，改築，増築又は移転

（略）

(6)　建築物等の色彩の変更

２　前項の規定にかかわらず，……（中略），同項の許可を受けることを要しない。

(1)　都市計画事業の施行として行う行為

(2)　国，県若しくは市町村又は当該都市計画施設を管理することとなる者が当該都市施設又は市街地開発事業に関する都市計画に適合して行う行為

（略）

(12)　前各号に掲げるもののほか，次に掲げる行為

ア　法令又はこれに基づく処分による義務の履行として行う行為

イ　建築物の存する敷地内で行う行為（次に掲げる行為を除く。）

(ア)　建築物の新築，改築，増築又は移転

(イ)　工作物のうち，当該敷地に存する建築物に附属する物干場，受信用の空中線系（その支持物を含む。）そ

の他これらに類する工作物以外のものの新築，改築，増築又は移転

（略）

例2

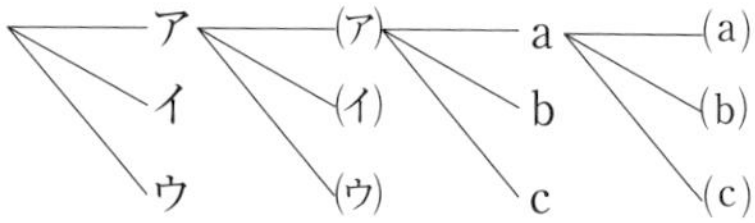

(5)　前段・後段，本文・ただし書

条又は項の文章を二つ以上に区切る場合がある。この場合，前の文章を「前段」といい，後の文章を「後段」という（例1）。なお，三段以上となる条文は，わかりやすさの観点から，なるべく用いず別項とするなどの検討が必要である。

また，後段の文章が「ただし」で始まり，前段の規定に対する例外を規定する場合には，後段に当たる文章を「ただし書」といい，前段に当たる文章を「本文」という（例2）。

例1

（消費者苦情の処理）

第13条　知事は，消費者から，事業者と当該消費者との間の商品等の取引に関して生じた苦情（本条及び次条において「消費者苦情」という。）の申出があったときは，速やかにその内容を調査し，当該消費者苦情を適切に処理するために必要な措置をとるものとする。この場合において，知事は，

前段←|　|→後段

必要があると認めるときは，○○県消費者苦情処理審査会（次条において「審査会」という。）の意見を聴くものとする。

例2

（委員の任期）
第10条　第８条第２項第１号及び前条第１項の委員の任期は，２年とする。ただし，補欠の委員の任期は，前任者の残任期

本文<|　|>ただし書

間とする。

(6) 見出し

条には，当該条の規定内容の理解と検索の便宜のため，見出しを付けるのが通例である。見出しは，当該条の規定内容を簡潔に要約したものとし，括弧書きにして，条の上（縦書きの法令では右肩）に第２字目から書く（例１）。

見出しは，各条ごとに付けるのが普通であるが，連続する二つ以上の条の規定内容が一つの見出しによって，共通的に要約して表現することができる場合には，当該二つ以上の条中の最初の条の上に共通の見出しを付ける。これは，「共通見出し」と呼ばれている（例２）。

各条ごとに付けられた見出しは，当該条の一部を成すものであるが，共通見出しは，その直後の条のみに属するものではなく，見出しを共通にする条のグループに属するものとみなければならない。

なお，見出しは，条に付けられるほか，項のみからなる附則の項にも付けられる（例３）。

例１

（職員の種類）
第２条　地方自治法（昭和22年法律第67号）第172条第１項に規定するその他の職員のうち臨時又は非常勤の職員以外の職員の種類は，技能吏員とする。

例２

（本庁における職）

第２条の２　県行政のうち特に知事が指示する事務を専管掌理させるため，理事を置く。

第３条　本庁機関（○○県行政組織規則（昭和○○年○○県規則第○○号）第２条第１号に規定する機関をいう。以下同じ。）の部に部長を，室に室長を，課に課長を，室及び課に設けられた係に係長を置く。

（以下略）

例３

附　則

（施行期日）

１　この条例は，公布の日から施行する。

（警察官の職務に協力援助した者の災害給付に関する条例の廃止）

２　警察官の職務に協力援助した者の災害給付に関する条例（昭和○○年○○県条例第○○号。以下「旧条例」という。）は，廃止する。

（以下略）

(7) 表

事項を列記すべき場合に，その性質，種類，数量などによっては，各号に分けて列記する代わりに，表として列記することもある。その表の中で更に(1)，(2)，(3)号として列記することもある（例１）。

表には，本則又は附則の条・項中に置くものと，「別表」として附則の後に置くものとがある。表を条・項中に置くか別表とするかについては明確な基準はないが，おおむね次の点に留意すべきである（例２）。

ア　比較的単純な表は，条・項中の表とし，複雑な表は，「別表」として附則の後に置くものとする。

イ　表がいくつかある場合には，表相互の均衡を考慮すべきである。例えば，ある表が複雑な表であるため別表として置かれたのに，同種の他の表を，単純な表だからといって条・項中に置くというのは問題があろう。

　別表による場合，表の冒頭に「別表（第○条関係）」として別表であることを示すとともに，関係条名を明示した方が検索などのために便利である。また，別表が二つ以上になる場合には，「別表第１」，「別表第２」…というように番号を付け，関係条名が２条以上になる場合も，全ての関係条名を表示することとする（例３）。ただし，附則別表とする場合には，関係条名の表示はしなくてもよいこととされている。

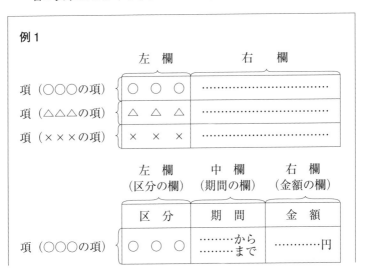

例１

	左　欄	右　欄
項（○○○の項）	○　○　○	………………………………
項（△△△の項）	△　△　△	………………………………
項（×××の項）	×　×　×	………………………………

	左　欄（区分の欄）	中　欄（期間の欄）	右　欄（金額の欄）
	区　分	期　間	金　額
項（○○○の項）	○　○　○	………から ………まで	…………円

項（△△△の項）	△　△　△	………から ………まで	…………円
項（×××の項）	×　×　×	………から ………まで	…………円

（注）「左欄，中欄，右欄」と呼称するか，「区分の欄，期間の欄，金額の欄」と呼称するかについては，一概には言えないが，当該表の置かれている条・項中では前者で，当該表の一部を改正するときは後者で呼称されることが多いようである。

	左　欄	右　　欄
項（○○○の項）	○　○　○	……………………………
項（△△△の項）	△　△　△	……………………………
項（×××の項）	×　×　×	……………………………
	備考　……………………………… ………………………………	

例２

（住宅地造成事業の規模の特定）

第３条　政令第１条ただし書の規定に基づき定める規模は，次の表の左欄に掲げる区域の別に応じ当該右欄に掲げるとおりとする。

区　　　　域	規　　模
○○都市計画区域，○○都市計画区域，○○都市計画区域……及び○○都市計画区域	0.3ヘクタール

例３

別表第12（第16条，第26条，第40条，第43条，附則第８項関係）

騒音の規制基準

工場等において発生する騒音の許容限度は，次に定めるとおりとする。

（単位：ホン）

時間 地域	午前8時から午後6時まで	午前6時から午前8時まで及び午後6時から午後11時まで	午後11時から午前6時まで
第一種住居専用地域 第二種住居専用地域	50	45	40
住居地域	55	50	45
近隣商業地域 商業地域 準工業地域	65	60	50
工業地域	70	65	55
工業専用地域	75	75	65
その他の地域	55	50	45

(8) 式

文章で表すと難解となる場合や正確な表現をすることが困難な場合には，式を用いることを考えてみるとよい。

例

第○条（略）

2　前項の工事の出来形部分等に対する請負代金相当額は，次の式により算定するものとする。

工事の出来形部分等に対する請負代金相当額＝請負代金の額

$$\times\frac{\text{工事の出来形部分等に対する請負対象設計相当額}}{\text{請負対象設計額}}$$

⑼　法令等の引用

ア　条例等の中で他の法令等を引用する場合

条例等の中で，他の法令等を引用する場合は，引用する法令等の題名又は件名を掲げ，その次に当該法令等の公布された年及び法令等の番号を括弧書きにする（例）。ただし，一つの条例等の中で同一の法令等を２回以上引用する場合には，最初の引用のときにだけ公布の年及び法令等の番号を括弧書きとし，２回目以後の引用には，法令等の題名だけ，あるいは最初の引用のときに「(以下「法」という。)」などと略称を定義した上で，その略称を表示すればよい。

例

第１条　公職選挙法（昭和25年法律第100号，以下「法」という。）第144条の２第８項の規定に基づき，○○市の議会議員及び市長の選挙においては，法第143条第１項第５号のポスターの掲示場（以下「ポスター掲示場」という。）を設置する。

イ　ある条で他の条・項等を引用する場合，同一の条例等の中で，他の条・項等を引用する場合は，次のとおりとする。

㈠　直前の条・項等を引用する場合は，「前条（項・号)」とする（例１)。

㈡　直前の連続する二つ又は三つの条・項等を引用する場合は，「前２条（項・号)」又は「前３条（項・号)」とする（例２)。

㈢　直前の連続する四つ以上の条・項等を引用する場合で，引用する条・項等が先行する条・項等の一部である場合は，

「第○条（項・号）から前条（項・号）まで」とする（例３）。

(エ)　直前の連続する四つ以上の条・項等を引用する場合で，引用する条・項等が先行する条・項等の全部である場合は，「前各条（項・号）」とする（例４）。

(オ)　直後の条・項等を引用する場合は，「次条（項・号）」とする（例５）。

(カ)　直後の二つ以上の条・項等を引用する場合は，「次条（項・号）及び第○条（項・号）」，「次条（項・号）から第○条（項・号）まで」とする（例６）。

(キ)　上記以外の場合で，一つの条・項等を引用する場合は，「第○条（項・号）」とし，二つの条・項等を引用する場合は，「第○条（項・号）及び第○条（項・号）」とし，連続する三つ以上の条・項等を引用する場合は，「第○条（項・号）から第○条（項・号）まで」とする（例７）。

例１

（貸付金の返還及び返還の免除）

第12条　前条の規定により訴訟の費用に充てる資金の貸付けを受けた者は……（略）

２　知事は，前項の規定にかかわらず，訴訟の費用に充てる資金の貸付けを……（略）

例２

（公有財産の異動協議）

第18条　前２条の規定による協議は，公有財産異動協議書（別記様式第13号）により行うものとする。

例３

（地上権の設定等）

第46条（略）

２　（略）
３　第39条，第40条及び第42条から前条までの規定は，公有財産である土地に地上権を設定する場合に準用する。

例４

（公募の例外）
第20条　市長は，次に掲げる理由のある者を公募によらず，市営住宅に入居させることができる。
⑴　災害による住宅の滅失
⑵　市営住宅の用途の廃止
⑶　市営住宅の借上げに係る契約の終了
⑷　市営住宅等建て替え事業の施行
⑸　前各号に掲げるもののほか，市長が規則で定める理由

例５

（職務の級）
第４条　職員の職務は，その複雑，困難及び責任の度に基づき，これを次条の給料表に定める職務の級に分類するものとし，その分類の基準となるべき職務の内容は，別表第○のとおりとする。

例６

（営利企業等を離職した場合の手続）
第15条　職員は，次条及び第17条の規定により，既に許可又は承認を受けた職を辞めたときは，営利企業兼職（兼務）等離職届（様式第○号）を提出するものとする。

例７

（時間外勤務手当等に関する規定の適用除外）
第18条　第14条から第16条までの規定は，第10条第１項に規定する職にある職員には適用しない。

ウ　同一の条文中で，２回以上同じ法令等を引用する場合

引用する他の法令等が法律である場合は「同法」，政令及び省令である場合は「同令」，条例である場合は「同条例」，規則である場合は「同規則」と表示する。

同一の条文中において２回以上同じ条・項等を引用する場合は，２回目からは「同条（項・号）」と表示する。

例

（技能習得手当等の支給）

第11条　条例第10条第２項第１号に掲げる技能習得手当及び同項第２号に掲げる寄宿手当は，それぞれ雇用保険法第36条第１項に規定する技能習得手当及び同条第２項に規定する寄宿手当に相当する金額を同法の当該規定によるこれらの手当の支給の条件に従い支給する。

（以下略）

6　附　則

条例等には，本則の付随的な内容を定めることを目的とする附則を置くのが一般的である。ただし，条例の施行期日を規則に委任した場合において，その施行期日を定める規則を定める場合には，本則のみで附則は必要としない（例１）。

附則は，条から成り立っている場合（条建て）と項から成り立っている場合（項建て）とがある。

一般的には，附則において多数の事項を規定する場合には条に区分した方が理解しやすいと考えられ，附則において規定すべき事項が比較的少ない場合には項建てする方法がとられているが，一定の数以上のときは必ず条建てするというほどの基準はない。なお，条建てする場合には，本則と同様に条見出しを付するのが，一般的で

ある（例２）。

附則が項で成り立っている場合には，附則が一つの項のみのときは見出し及び項番号を付けず，二つ以上の項で成り立っているときは，第１項から1，２等の項番号を付ける。この場合の附則各項には，条の場合に準じ，見出しを付けることがある（例３）。

附則に規定すべき事項は，⑴当該条例等の施行期日に関する規定，⑵既存の条例等の廃止に関する規定，⑶当該条例等の制定に伴うその条例等の各規定の適用関係に関する規定，⑷⑶以外の他の経過措置に関する規定，⑸既存の条例等の改正に関する規定，⑹⑸の改正規則に伴う経過措置に関する規定ということになるのが通例であるが，そのほかに，当該条例等がいわゆる限時法である場合には有効期限を定めたり，当該条例等の本則に書くことを適当としない臨時的な規定を置く場合もある。

例１

〇〇県収入証紙条例の一部を改正する条例の施行期日を定める規則

〇〇県収入証紙条例の一部を改正する条例（令和〇年〇〇県条例第〇〇号）の施行期日は，令和〇年〇月〇日とする。

例２

附　則

（施行期日）

第１条　この規則は，令和２年４月１日から施行する。

（経過措置）

第２条　任命権者は，令和２年５月末日までに，条例附則第２条第１項の規定により，派遣職員となるものとされた職員の派遣先機関，派遣期間，派遣先機関における処遇の状況等を人事委員会に報告するものとする。

例３

附　則

（施行期日）

１　この規則は，令和２年４月１日（以下「施行日」という。）から施行する。

（経過措置）

２　施行日の前日から在職している職員で，施行日が継続勤務の起算日の応当日以外であるものに係る年次休暇については，施行日から同日後の最初の継続勤務の起算日の応当日の前日までの間は，なお従前の例による。

７　別記様式

別記様式は，申請書，届出書の書式など画一的に規定する必要のあるものについて用いる。

別記様式は，本則中で「…しようとする者は，許可申請書（別記様式第１号）を市長に提出しなければならない」というように規定して，別表の後（別表がないときは附則の後）に置かれる。

別記様式が二つ以上置かれる場合には，「別記様式第１号」，「別記様式第２号」というように表示する。また，本則中の規定との関係を明確にするために，「別記様式第１号（第○条関係）」というように，関係条名を括弧書きで示す。

第2節　改正・廃止

第1　はじめに

条例等を改正する方法としては，一部改正と全部改正の二つの方法がある。一部改正とは，既存の条例等の一部分を改正することであり，全部改正とは，既存の条例等を全面的に改正するものである。

条例等を改正するには，技術的にいろいろな方法が考えられるが，正確に，かつ，能率的に改正事務が行われるために一定の方法・ルールがあり，改正条例等の立案に当たっては，まずその方法・ルールに習熟するように努めなければならない。ここでは，一部改正と全部改正とに分けて改正の方法・ルールを説明することとする。

第2　一部改正

1　はじめに

一部改正の場合には，既存の条例等の一部を追加し，修正し，又は削除することを内容とする改正条例等は，それが施行された時点で，その改正の内容は，改正の対象となった既存の条例等に溶け込んでしまういわゆる「溶け込み方式」が採用されている。一部改正しようとする場合には，一部を改正する条例の内容が溶け込むということを考慮して，改正前の既存の条例等の規定と改正後の規定とを比較して，どのように改め，加え又は削ればその改正後の規定になるかを検討し，正確に，かつ，能率的に改正事務が行われるような改正規定を作らなければならない。また，一部を改正する条例等は，溶け込み方式の結果，一部改正条例等の本則は，その施行の時点でなくなってしまうので，後には，改正条例等の施行期日や経過規定などを定めた附則の部分だけが，既存の条例等に溶け込みようがなく，そのまま残ることになる。このように，附則（他の条例等の一部改正をしている部分を除く。）以外の本体部分は，溶け込むまでの一時的なものでしかないのであるが，一部を改正する条例自体は，一つの独立した条例であって，その改正の対象となった既存の条例とは別の独自の条例番号等を持ち，題名も「何々条例の一部を改正する条例」というような独自の名称が付される。この結果，後になって，この条例等を改正するときは，一部改正条例等の附則以外の部分については，改正内容は当該改正の対象となった既存の条例等に溶け込んでいるわけであるから，溶け込んだ後の既存の条例等を改正すればよいが，一部改正条例等の附則を改正する場合には，別に「何々条例の一部を改正する条例の一部を改正する条例」によって改正しなければならない。この場合においても，この一部改正条例等の一部改正の附則は溶け込むことなく残ることとなる。

次に，上の説明とは矛盾するが，「何々条例の一部を改正する条例」及び「何々条例の一部を改正する条例の一部を改正する条例」は，立法技術上，広い意味で「何々条例」と一体を成すものとして扱われる。したがって，何々条例が廃止され，又は全部改正された場合には，「何々条例の一部を改正する条例」及び「何々条例の一部を改正する条例の一部を改正する条例」の附則は，別に廃止することなく，何々条例と運命を共にすることとなる。

次に，全部改正をも含めて条例等を改正する際に注意すべきこととして，ある条例等を改正するには，その法令と同種の法令をもってしなければならない。例えば，条例は条例で，規則は規則で改正すべきであり，規則で条例を改正したり，条例で規則を改正したりすることはできない。

また，条例等の一部改正をする場合における独自の用法に次のようなものがある。

(1)　枝番号

ある条例等の一部を改正する場合において，章，条，号等を追加するときには，追加すべき章，条，号等の位置を定めるため，それ以下の章，条，号等を繰り下げなければならないことになるが，繰り下げるべき章，条，号等の数が多く改正技術上煩さに過ぎるとき又は当該繰り下げるべき章，条，号等が他の条例等に引用されているために繰下げによって他の条例等に影響を与え，若しくは混乱を生じさせることになるときに用いられるのが，この枝番号である。

枝番号は，「第何章の２」，「第何条の３」，「(3)の４」等のように表示され，枝番号の付された章，条，号等は，枝番号の付されていないそれらのものと同じく完全に独立したものである。

枝番号の表現方法としては，「第何章の１」，「第何条の１」，「(3)の１」というような表示は用いられず，枝番号の最初の章，条，号等は，「何々の２」とすることとされている。

また，号の枝番号の表示については，「(3)の４」と「（３の４）」との二つの表示の仕方があり，従来必ずしも統一がとられていなかったのであるが，最近は，前者の「(3)の４」の表示方法が用いられている。

次に，枝番号の付された章，条，号等は，それのみで独立した章，条，号等を意味するということから枝番号を用いることができるが，法文の段落を示すに過ぎないとされる項については，枝番号を用いることができない。

なお，枝番号については，後で述べる章，条，号等の改正のところで詳述することとする。

(2)　一部改正条例等の附則における改正の対象となった条例等の条，項等の引用

ア　改正前の条，項等の引用

「この条例による改正前の第何条」とし，「この条例による改正前の何々条例第何条」という表現方法は原則として用いない。

イ　改正後の条，項等の引用

「この条例による改正後の第何条」とする。

ただし，引用しようとする改正前又は改正後の条，項等の数が多い場合又は引用回数が多い場合は，最初の引用の際に引用すべき条例等の略称規定を設けて，それ以後の引用は，略称規定により行うこととしている。

例えば，○○市（町村）職員等の給与に関する条例の一部を改正する条例の附則で，改正前又は改正後の条例の条，項等を引用する場合において，当該引用しようとする条，項等の数が多いとき又は引用回数が多いときは，最初の引用の際に，「この条例による改正前の○○市（町村）職員等の給与に関する条例（以下「改正前の条例」という。）」又は「この条例による改正後の○○市（町村）職員等の給与に関する条例（以下「改正後の条例」という。）」というように略称規定を設け，以後の引用は，「改正前の条例第何条」とか「改正後の条例第何条」とする。

2　一部改正条例等の題名

(1)　単一の条例等を改正する場合

例

　　○○条例の一部を改正する条例

(2)　二つ以上の条例等の改正について原因・結果の関係があるものを改正する場合

例（A条例の改正の結果，B条例及びC条例の改正を必要とするものとする。）

A条例の一部を改正する条例

この場合において，B条例及びC条例の改正は，この条例の附則において行う。

(3)　二つ以上の条例等の改正について原因・結果の関係はないが，共通の動機に基づき並列的に改正する場合

例1　（A条例及びB条例の2条例を改正するものとし，A条例の方が制定年次が古いものとする。）

A条例及びB条例の一部を改正する条例

例2　（A条例，B条例及びC条例の3条例を改正するものとし，A条例が最も制定年次が古いものとする。）

A条例等の一部を改正する条例

この場合において，本則の第1条においてはA条例を，第2条及び第3条においては，制定年次の古いものから順にB条例又はC条例を改正する。

(4)　ある条例等の制定改廃に基づいて関係条例等を並列的に改正する場合

例

何々条例の制定（改正，廃止）に伴う関係条例の整理に関する条例

この題名は，共通の動機に基づいて改正すべき関係条例等が相当多数に及ぶ場合又は条例等の制定改廃に伴い，改廃された条例等の経過措置がそれぞれに，かつ，多数に及び，附則にまとめて経過措置を置くと，個々の改正条例との対応関係が分かりにくく

なるような場合において，改正内容が字句の整理等にとどまる内容であるときに用いられ，そうでない場合は，⑵の方法で制定改廃の条例等の附則をもって改正する。

⑸　制度，組織の設定，変更等に基づいて相当多数の関係条例等を並列的に改正する場合

例

行政組織の変更に伴う関係規則の整備に関する規則

この題名は，⑷の共通の動機に基づくもののほか，他の要因による改正部分も併せて組み込み，かつ，経過措置についても⑷と同様のような場合において，改正内容が実質的な政策判断にまで踏み込んだ内容であるときに用いられる。また，⑷の例のように，「○○市（町村）行政組織規則の改正に伴う関係規則の整備に関する規則」という題名を用いることも可能である。

3　一部改正条例等の立案形式

⑴　単一の条例等を改正する場合

例

○○市（町村）国民健康保険条例の一部を改正する条例をここに公布する。

令和○年○月○日

○○市（町村）長　氏　　　名

○○市（町村）条例第○号

○○市（町村）国民健康保険条例の一部を改正する条例

○○市（町村）国民健康保険条例（昭和○○年条例第○号）の一部を次のように改正する。

第６条の２中「４万円」を「６万円」に改める。

第７条中「１万円」を「２万円」に改める。

附　則

（施行期日）

１　この条例は，公布の日から施行する。

（経過措置）

２　この条例の施行の際現に改正前の○○市（町村）国民健康保険条例の規定に基づいて支給すべきであった保険給付については，なお従前の例による。

⑵　二つ以上の条例等の改正について原因・結果の関係があるものを改正する場合

例

○○市（町村）組織規則の一部を改正する規則をここに公布する。

令和○年○月○日

○○市（町村）長　氏　　　名

○○市（町村）規則第○号

○○市（町村）組織規則の一部を改正する規則

○○市（町村）組織規則（昭和○年規則第○号）の一部を次のように改正する。

第３条総務部の部中「職員課」を「職員課
交通対策室（主査制）」に改める。

第４条の４を次のように改める。

（課長，室長及びその職責）

第４条の４　課に課長を，室に室長を置く。

２　課長（室長を含む。以下同じ。）は，所属部長の命を受け，その課（室を含む。以下同じ。）をつかさどり，所属職員を指揮監督する。

3　課長は，課の事務の執行状況を，随時，文書又は口頭をもって部長に報告するものとする。

第5条総務部の部職員課の項の次に次のように加える。

交通対策室

1　交通対策に関すること。

附　則

（施行期日）

1　この規則は，公布の日から施行する。

（○○市（町村）物品管理規則の一部改正）

2　○○市（町村）物品管理規則（昭和○○年規則第○○号）の一部を次のように改正する。

別表第2総務部職員課職員第二係長の項の次に次のように加える。

総務部交通対策室主査	交通対策室

(3)　二つ以上の条例等の改正について原因・結果の関係はないが，共通の動機に基づき並列的に改正する場合

例

職員の懲戒の手続及び効果に関する条例及び市町村立学校職員給与負担法に規定する学校職員の懲戒の手続及び効果に関する条例の一部を改正する条例をここに公布する。

令和○年○月○日

○○市（町村）長　氏　　　　名

○○市（町村）条例第○号

職員の懲戒の手続及び効果に関する条例及び市町村立学

校職員給与負担法に規定する学校職員の懲戒の手続及び効果に関する条例の一部を改正する条例

（職員の懲戒の手続及び効果に関する条例の一部改正）

第１条　職員の懲戒の手続及び効果に関する条例（昭和○年条例第○号）の一部を次のように改正する。

第４条中「給料」を「給料（義務教育諸学校等の教育職員の給与等の特例に関する条例（昭和○年条例第○号）第３条第１項の規定により教職調整額を支給される職員にあっては，給料及び教職調整額)」に改める。

（市町村立学校職員給与負担法に規定する学校職員の懲戒の手続及び効果に関する条例の一部改正）

第２条　略

附　　則

この条例は，公布の日から施行する。

この例においては，改正される２条例については，改正について何ら原因結果の関係はないが，教職調整額の支給を受ける教育職員の懲戒について，国と同様の措置をするという共通の動機に基づいて改正するものである。

(4)　ある条例等の制定改廃に基づいて関係条例等を並列的に改正する場合

例

国民の祝日に関する法律の一部改正に伴う関係条例の整理に関する条例をここに公布する。

昭和○○年○月○日

○○市（町村）長　氏　　　名

○○市（町村）条例第○号

国民の祝日に関する法律の一部改正に伴う関係条例の整理に関する条例

（○○市（町村）職員の休日及び休暇に関する条例の一部改正）

第１条　○○市（町村）職員の休日及び休暇に関する条例（昭和○○年条例第○号）の一部を次のように改正する。

第２条第１項中「に規定する日」を「第２条に規定する日（１月１日を除き，その日が日曜日に当たるときは，その翌日）」に改める。

（○○市（町村）立学校職員の勤務時間及び休暇等に関する条例の一部改正）

第２条　○○市（町村）立学校職員の勤務時間及び休暇等に関する条例（昭和○○年条例第○号）の一部を次のように改正する。

第７条中「に規定する日」を「第２条に規定する日（１月１日を除き，その日が日曜日に当たるときは，その翌日）」に改める。

（○○市（町村）職員等の給与に関する条例の一部改正）

第３条　○○市（町村）職員等の給与に関する条例（昭和○○年条例第○号）の一部を次のように改正する。

第16条第３項中「に規定する日並びに１月２日」を「第２条に規定する日（その日が日曜日に当たるときは，その翌日。職員の勤務時間に関する条例（昭和○○年条例第○号）第３条第４項及び市（町村）立学校職員の勤務時間及び休暇等に関する条例（昭和○○年条例第○号）第７条の２の規定により日曜日以外の日を勤務を要しない日と定められている職員にあっては，当該休日が勤務を要しない日に当たるときは，人事委員会が規則で定める日）並びに１月１日（日曜日に当たる場合に限る。)，１月２日（月曜日に当たる場合を除く。)」に改める。

附　則

この条例は，公布の日から施行する。

この例において，第１条から第３条までに掲げられている条例の改正については，相互に何ら原因結果の関係はないが，３条例とも国民の祝日に関する法律の一部を改正する法律（昭和48年法律第10号）の施行に伴い，祝日が日曜日と重なった場合の振り替え休日について規定を設けるという共通の動機に基づいて改正するものである。

(5)　制度，組織の設定，変更等に基づいて相当多数の関係条例等を並列的に改正する場合

例

行政組織の変更に伴う関係規則の整備に関する規則をここに公布する。

令和○年○月○日

○○市（町村）長　氏　　　名

○○市（町村）規則第○号

行政組織の変更に伴う関係規則の整備に関する規則

（○○市（町村）立公民館管理規則の一部改正）

第１条　○○市（町村）立公民館管理規則（昭和○○年規則第○号）の一部を次のように改正する。

第10条中「庶務課」を「総務課」に改める。

第12条中「及び総務課」を削る。

第２条から第９条まで　略

（○○市（町村）民生委員推薦会規則の一部改正）

第10条　○○市（町村）民生委員推薦会規則（昭和○○年規則第○号）の一部を次のように改正する。
　第17条及び第19条中「庶務課」を「総務課」に改める。
　　附　則
　この規則は，公布の日から施行する。

この場合において，第1条から第10条までに掲げる規則の改正は，○○市（町村）行政組織規則の一部改正により改正の必要が生じたものであるから，○○市（町村）行政組織規則の一部を改正する規則の附則において改正することも可能であるが，改正すべき規則の数が多く，また，特定の行政目標を達成するという政策判断に基づいたものであるため，まとめて1本の規則により改正するものである。なお，個々の条例改正に伴い，経過措置が必要となる場合は，改正した条の直後に条建てで規定することが可能である。

4　題名の改正

⑴　題名の全部を改める場合

例

題名を次のように改める。
　　何々条例

⑵　題名のうち一部の字句を改める場合

例

題名中「○○」を「××」に改める。

この場合，条例等の題名は，固有名詞であることから⑴の改正方式がとられることが多いが，長い題名の場合にはその中に独立した単語を有するものがあれば，改正の簡略化を図る意味で(2)の方式が用いられる。

また，ここで注意すべきことは，題名とそれ以外の部分に共通する同一の字句を改正する場合であっても，それぞれ別個に改正するということである。

> **例**
> 　題名中「高等看護学院」を「看護専門学校」に改める。
> 第１条中「高等看護学院」を「看護専門学校」に改める。

この場合においては，次のような改正方式は用いない。

> 　題名及び第１条中「高等看護学院」を「看護専門学校」に改める。

5　目次の改正

(1)　一部の字句を改める場合

> **例**
> 　目次中「○○」を「××」に改める。

(2)　章，節等を追加する場合

例

目次中「第１章　総則（第１条）
　　　　第２章　建築物の敷地及び構造（第２条―第４条）」

「第１章　総則（第１条）

を 第１章の２　災害危険区域（第１条の２）

　第２章　建築物の敷地及び構造（第２条―第４条の２の３）」

に改める。

(3) 章，節等を廃止する場合

例

①　目次中「第○章　何々（第○条―第○条）」を「第○章　削除」に改める。

②　（削られる章，節等名が最後に位置している場合）

　目次中「第○章　何々（第○条―第○条）」を削る。

(4) 章，節等の設置に伴い新たに目次を設ける場合

例

　題名の次に次の目次及び章名を付する。

目次

　第１章　何々（第１条―第○条）

　第２章　何々（第△条―第□条）

　附則

　　第１章　何々

過去に全部改正が行われている条例等で，題名の次に「制定文」が置かれている場合は，「第１条の前に次の目次及び章名を

付する。」として，目次を規定する。

6　章，節等の改正

(1)　章，節等を改める場合

ア　条を含めて章，節等の全部を改める場合

例

第○章を次のように改める。

　　第○章　何々

（何々）

第何条　何々

（何々）

第何条　何々

イ　章，節等名のみを改める場合

(ア)　章，節等名中の全部を改める場合

例

「第何章　○○」を「第何章　△△」に改める。

この場合，次のような改正方式を用いる場合もある。

例

第○章の章名を次のように改める。

　　第○章　何々

(イ)　章，節等名中の字句の一部を改める場合

例

第○章の章名中「○○」を「××」に改める。

(2) 章，節等を加える場合

ア　枝番号を用いる場合

例

第3章の次に次の1章を加える。

　　第3章の2　何々

（何々）

第16条　何々

（何々）

第17条　何々

この例において，仮に第3章の末条が第15条であるとした場合でも，「第15条の次に次の1章を加える。」とはしない。

また，章，節等を加える場合には，通常，混乱を避けるために枝番号を用いることが多いが，既存の法令で「第○章　削除」となっている部分に新たな章を加える場合には，「第○章を次のように改める。」とすればよい。

イ　繰下げによる場合

アで述べたように，章，節等の追加は，枝番号を用いて行うことが多いが，混乱することのない場合には，次のように章又は節等を繰り下げて追加することもある。

例（第5章を最後の章とし，その章に第30条から第35条まであるとする。）

第5章中第35条を第38条とし，第30条から第34条までを3条ずつ繰り下げ，同章を第6章とし，第4章の次に次の1章を加える。

　　　第５章　何々

　（何々）

第30条　何々

　（何々）

第31条　何々

　（何々）

第32条　何々

ウ　章，節等の区分のないものに章，節等の区分をする場合

例

第３条の次に次の章名を付する。

　　　第２章　何々

第８条の次に次の章名を付する。

　　　第３章　何々

第１章の章名は，前掲５⑷のように，目次とともに設置される。したがって，第２章以下の章名が該当箇所に置かれる。

この場合において，「第３条の次に次の章名を加える。」とはしない。

エ　章，節等及び章名，節名等を同時に追加する場合

例

第○章第２節の次に次の２節を加える。

　　　第３節　何々

　（何々）

第13条　何々

（何々）

第14条　何々

第４節　何々

第15条　何々

(3)　章，節等を削る場合

ア　形骸を残す場合

例

第３章を次のように改める。

第３章　削除

第15条から第20条まで　削除

イ　形骸を残さない場合

例（第７章（第26条－第30条）を末章とし，第６章（第20条－第25条）を削るものとする。）

第６章を削り，第７章中第26条を第20条とし，第27条から第30条までを６条ずつ繰り上げ，同章を第６章とする。

ウ　枝番号の最後の章等（当該章等に連続するその他の枝番号の章等を含む。）又は最後の章等を削る場合

例（第３章の３を枝番号の最後の章とし，第５章を最後の章とするものとする。）

①　第３章の３を削る（第３章の２及び第３章の３を削る）。

②　第５章を削る。

エ　章，節等名のみを削る場合

例

「第○章　何々」を削る。

この場合，「第○章の章名を削る。」とすることもできる。

7　条，項又は号中における字句の改正

(1)　字句を改める場合

ア　一つの条中において１箇所のみ改める場合

例

第何条中「○○」を「××」に改める。

この場合において注意すべきことは，改めようとする字句の位置に応じ，次の例に示すように当該条の最小単位の区分まで引用することである。このことは，字句を追加する場合及び字句を削る場合も同様である。

例

①　第何条第何項中「○○」を「××」に改める。

②　第何条第何項第何号中「○○」を「××」に改める。

③　第何条第何項第何号ア中「○○」を「××」に改める。

④　第何条第何項第何号ア(ウ)中「○○」を「××」に改める。

⑤　第何条（第何項）各号列記以外の部分中「○○」を「××」に改める。

⑥　第何条（第何項，第何号）前段（後段）中「○○」を「×

×」に改める。
⑦　第何条（第何項，第何号）本文（ただし書）中「○○」を「××」に改める。

次に注意すべきことは，改めようとする字句は，当該条中で特定し得る最小限度において引用するということである。

例
第169条の２第３項後段中「除く。)」を「除く。)，同法第60条の規定による自動車検査証の交付を受けたとき（同法第59条第１項に規定する検査対象軽自動車に係る場合に限る。)」に，……以下略

ただし，同一条中に改めようとする字句が二つ以上あり，そのうちの一つのみを改めようとする場合は，当該字句の前又は後の部分を引用して特定しなければならない。

例えば，「１件の設計金額が300万円以内（建築工事については，300万円以内で別に指定するもの）の随意契約に係る工事」とある場合において最初の「300万円」のみを改めようとするときは，「第何条中「設計金額が300万円」を「設計金額が500万円」に改める。」としなければならない。

また，条文中に引用されている項番号や号名を改める場合には，条の単位まで引用して改めるのを原則とする。

例（「第10条第２項第３号」を「第10条第３項第４号」又は「第10条第２項第４号」に改めるものとする。)
①　第何条第何項中「第10条第２項第３号」を「第10条第３項第４号」に改める。

②　第何条第何項中「第10条第２項第３号」を「第10条第２項第４号」に改める。

この場合において，「第２項第３号」を「第３項第４号」に……，又は「第３号」を「第４号」に……とはしない。

イ　一つの条文中において同一字句を２箇所以上改める場合

アに準じて１度だけ改めれば，当該条文中における全ての同一字句が改められることになる。このことは，字句を追加する場合又は削る場合においても同様である。ただし，次の例に示すように，２箇所以上ある同一字句をそれぞれ異なった字句に改めようとするときは，当該改めようとする字句を当該字句の前又は後の部分から引用して改めなければならない。

例

第２条第２項中「額が2,500万円」を「額が3,500万円（中小企業団体が公害防止施設を中小企業者等に賃貸する場合にあっては，3,500万円に賃貸した中小企業者等の数を乗じた額。以下本条において同じ。）」に，「残高2,500万円」を「残高3,500万円」に改める。

この例においては，第２条中に「2,500万円」という字句が二つあり，それぞれ違ったものに改めるために，それぞれに「額が」，「残高」という字句を付して特定することで違いを明らかにするのである。

ウ　二つ以上の条にわたって同一字句を改める場合

例

第２条，第３条第１項，第５条及び第８条中「A」を「B」

に改める。

このように，二つ以上の条にわたって同一字句を改める場合は，当該条をひとまとめにして改める。このことは，字句を追加する場合又は削る場合においても同様である。

ただし，途中の条中に他の字句について改める必要があるときは，その条の前でいったん切り，当該条についての改正を行う。例えば，前の例で第5条中の字句「C」を「D」に改める必要がある場合は，次のように改正する。

第2条及び第3条第1項中「A」を「B」に改める。
第5条中「A」を「B」に，「C」を「D」に改める。
第8条中「A」を「B」に改める。

このように，字句の改正は，条単位で行い，次のような改正方式は用いない。

第2条，第3条第1項，第5条及び第8条中「A」を「B」に改める。
第5条中「C」を「D」に改める。

エ　ある条例等の全部にわたって同一字句を改める場合

例

①　本則中「A」を「B」に改める。
②　本則及び附則中「A」を「B」に改める。
③　この条例中「A」を「B」に改める。

通常①の方式が用いられるが，改めようとする字句が附則にまで及んでいる場合は，②の方式が用いられ，更に目次や別表等にも及ぶような場合は，③の方式が用いられる。

オ　一つの条中で異なる字句を２箇所以上改める場合

(ア)　改めようとする字句が項又は号を同一にする場合

> 例
>
> 第何条（第何項第何号）中「A」を「B」に，「C」を「D」に改める。

(イ)　改めようとする字句が項又は号を異にする場合

> **例**
>
> 第何条第何項（第何号）中「A」を「B」に改め，同条第何項（同項第何号）中「C」を「D」に改める。

この例に示すように，ある項又は号における字句の改正を行った後において別の項又は号の字句の改正を行おうとするときは，その都度必ず「改め」を付し，次のような表現は用いない。

> 第何条第何項（第何号）中「A」を「B」に，同条第何項（同項第何号）中「C」を「D」に改める。

(2)　字句を追加する場合

> **例**
>
> 第何条（第何項第何号）中「A」の次に「B」を加える。

次に字句を追加する場合において注意すべきことは，「,」を伴う字句の追加である。

> **例**
> 第何条中「行政係」の次に「，災害経理係」を加える。

このように，「,」は，その次の字句に属するものとされているので，次のような方法は用いない。

> 第何条中「行政係,」の次に「災害経理係,」を加える。

(3) 字句を削る場合

> **例**
> 第何条中「A」を削る。

条文中において字句を削る場合には，「削る」方式を用いる。

削ろうとする字句の位置する条の最小単位の引用，削ろうとする字句の最小限度の引用等全て(1)の字句を改める場合と同じである。

ここでも，注意すべきことは，「,」のある字句を削る場合の方法である。

> **例**
> 第何条中「，行政総合対策室」を削る。

このように「,」がその次の字句に属することから，例えば「開発局，行政総合対策室，出納事務局」とある場合に「,」から削らないと「,」が重なったり，又は字句の最後に「,」が残ることになってしまうこととなるためである。

⑷　同一条中で字句を改め，追加し，及び削る場合

同一条中で字句を改め，追加し，及び削る場合は，⑴から⑶までに述べたところにより，これらの操作を一つのセンテンスで済むように行う。

例

① 第何条中「用務員」を「業務員」に改め，「事務長」の次に「，科長」を加え，「，事務嘱託」を削る。

② 第何条第１項中「用務員」を「業務員」に改め，同条第２項中「事務長」の次に「，科長」を加え，同条第３項中「，事務嘱託」を削る。

このように一つのセンテンスで字句を改め，追加し，及び削るわけであるが，途中において，ただし書若しくは後段又は項若しくは号の改正を必要とする場合には，「次のように」という表現が出てくるのでそのようなときにはセンテンスをいったん切らなければならない。

例

第何条第１項中「用務員」を「業務員」に改め，同項第１号中「事務長」の次に「，科長」を加え，同項第２号ただし書を次のように改める。

ただし，何々

第何条第２項中「，事務嘱託」を削る。

8　条の改正

(1)　条を改める場合

例

①　第３条を次のように改める。

　　（何々）

　第３条　何々

②　第３条及び第４条を次のように改める。

　　（何々）

　第３条　何々

　　（何々）

　第４条　何々

③　第３条から第５条までを次のように改める。

　　（何々）

　第３条　何々

　　（何々）

　第４条　何々

　　（何々）

　第５条　何々

この例で，①は単一条のみの改正を，②及び③は連続する２以上の条を改める場合の方式である。なお，２以上の条を改める場合でも連続していない場合は，次の改正方式による。

　第３条を次のように改める。

　（何々）

第３条　何々

　第５条を次のように改める。

　（何々）

第５条　何々

この場合のように，条全体の改正を行うか条中の字句の改正を行うかは，結局改正しようとする字句の量の問題に帰着するが，改正すべき字句の量の条全体に占める割合が高く又は数箇所にわたっているような場合には，改正作業の経済性から条全体の改正を行った方がよい場合もある。

⑵　条を加える場合

条を加える方法には，枝番号を用いる方法と繰下げによる方法とがある。前者は，既存の条例等の条の数が多いとき若しくは章，節等に区分されているときのように繰下げを行うことに複雑な技術を必要とする場合又は繰下げを行うことによって当該繰り下げられるべき条を引用している他の条例等に影響を与え，混乱を生ずるおそれがある場合に用いられ，後者は，概して，既存の条例等の条の数が少ない場合その他条の繰下げが困難でない場合又は繰下げによって他の条例等に影響を与えない場合に用いられる。

ア　第１条の前に加える場合

㈠　枝番号を用いる場合

例

第１条を第１条の２とし，同条の前に次の１条を加える。

（何々）

第１条　何々

㈡　繰下げによる場合

例（第８条を末条とする。）

第８条を第９条とし，第１条から第７条までを１条ずつ繰り下げ，第１条として次の１条を加える。

（何々）

第１条　何々

イ　条と条の間に挿入する場合

(ア)　枝番号を用いる場合

例

第３条の次に次の２条を加える。

（何々）

第３条の２　何々

（何々）

第３条の３　何々

(イ)　繰下げによる場合

例（第10条を末条とする。）

①　第５条と第６条との間に１条を加える場合

第10条を第11条とし，第６条から第９条までを１条ずつ繰り下げ，第５条の次に次の１条を加える。

（何々）

第６条　何々

②　第７条と第８条との間に１条を加える場合

第10条を第11条とし，第９条を第10条とし，第８条を第９条とし，第７条の次に次の１条を加える。

（何々）

第８条　何々

③　第８条と第９条との間に１条を加える場合

第10条を第11条とし，第９条を第10条とし，第８条の次に次の１条を加える。

（何々）

第９条　何々

④　第９条と第10条との間に１条を加える場合

第10条を第11条とし，第９条の次に次の１条を加える。

（何々）

第10条　何々

この場合，特に注意すべきことは，②の用例のように繰り下げられるべき条数が末条を除き２条の場合においては，第８条と第９条の繰下げはそれぞれ行い「第８条及び第９条を１条ずつ繰り下げ」という表現は用いないことである。

用例は，挿入する条数が１条の場合であるが２以上の場合でも，この用例に準じて繰り下げればよい。

次に，繰下げの対象となる条の途中に改正を必要とする部分を含む場合の繰下げは，次の例に示すようにその改正も併せて行わなければならない。

例（第10条を末条とし，第４条と第５条との間に１条を挿入するものとする。）

①　第７条第１項中の字句「A」を「B」に改める必要がある場合

第10条を第11条とし，第９条を第10条とし，第８条を第９条とする。

第７条第１項中「A」を「B」に改め，同条を第８条とする。

第６条を第７条とし，第５条を第６条とし，第４条の次に次の１条を加える。

（何々）

第５条　何々

②　第７条第２項の全部を改める必要がある場合

第10条を第11条とし，第９条を第10条とし，第８条を第９条とする。

第７条第２項を次のように改め，同条を第８条とする。

２　何々

第６条を第７条とし，第５条を第６条とし，第４条の次に次の１条を加える。

（何々）

第５条　何々

③　第７条の全部を改める必要がある場合

第10条を第11条とし，第９条を第10条とし，第８条を次のように改める。

（何々）

第８条　何々

第８条の次に次の１条を加える。

（何々）

第９条　何々

第７条を削り，第６条を第７条とし，第５条を第６条とし，第４条の次に次の１条を加える。

（何々）

第５条　何々

このように条と条の間に新たな条を挿入する場合には，まず，挿入する場所を設定しなければならない。そのためには，末条より順次繰り下げるか又は途中で挿入しようとする条の数だけの条を削るかしなければならない。このことは，明確で簡単なことのようであるが，実際に改正する場合には，往々にして忘れられ，条が重なってしまったり，条が空いてしまったりすることがあるので注意しなければならない。

特に，③で第７条が全部改正後，第８条に繰り下がる部分は，条を全部改正した後で他の条に置き換えることはできないこととされているため，既存の条を活用して対応することになる。

ウ　末条の次に加える場合

例（第10条を末条とする。）
本則に次の１条を加える。
（何々）
第11条　何々

末条の次に条を加える場合は，本則の全ての改正を終了した最後に上記のように規定する。従来の末条が改正によって移動した直後に新たな条を追加する場合も同様である（末条の改正に続けて加えるのではなく，本則の全ての改正を終了した後で加える。）。

エ　末条の全部を改め，末条の次に加える場合

例（第10条を末条とし，同条の次に１条を加えるものとする。）
第10条を次のように改める。
（何々）
第10条　何々
本則に次の１条を加える。
（何々）

第11条　何々

オ　章，節等の区分のある条例等に加える場合

例１　（第25条を第３章の末条とする。）
　第３章中第25条の次に次の１条を加える。
　（何々）
第25条の２　何々
例２　（第30条の２を第３章第３節第１款の末条とし，第30条の次に１条を加えるものとする。）
　第３章第３節第１款中第30条の２を第30条の３とし，第30条の次に次の１条を加える。
　（分掌事務）
第30条の２　畜産試験場の各課及び部の分掌事務は，次のとおりとする。
(1)
(2)　略
(3)

　これらの例に示すように，章，節等の区分のある条例等に条を加える場合は，混乱を避けるために枝番号を用いて改正するのが通例であるが，例外的に繰下げによることもある。例１の場合には，次のような方法で改正することがある。

例（第25条を第３章の末条とし，第４章を最後の章とし，第26条から第30条までによって構成されているものとする。）
　第４章中第30条を第31条とし，第26条から第29条までを１条ずつ繰り下げ，第３章中第25条の次に次の１条を加える。

（何々）
第26条　何々

カ　単文形式の条例等に加える場合

例

本則を第１条とし，同条に見出しとして「(何々)」を付し，同条の次に次の１条を加える。

（何々）
第２条　何々

この場合において，本則中の字句の改正を必要とするときは，次のようにする。

本則中「A」を「B」に改め，本則を第１条とし，同条に見出しとして「(何々)」を付し，同条の次に次の１条を加える。

（何々）
第２条　何々

(3)　条を削る場合

条を削る方法には，形骸を残すもの（削除方式）と形骸を残さないもの（繰上げ方式）とがあるが，いずれの方法を用いるかの選択は，条を加える場合の枝番号を用いる方法と繰下げの方法との選択の場合と同様である。

ア　形骸を残す場合

例

①　第３条を次のように改める。

第３条　削除
②　第３条及び第４条を次のように改める。
第３条及び第４条　削除
③　第３条から第５条までを次のように改める。
第３条から第５条まで　削除

この例に示すように，①は単一条のみの削除の場合の，②及び③は連続する２以上の条の削除の場合の方式である。

なお，条文は全部にわたって削除されることから，見出しも当然に姿を消してしまうこととなる。

イ　形骸を残さない場合

例（第10条を末条とする。）
①　第３条を削る場合
第３条を削り，第４条を第３条とし，第５条から第10条までを１条ずつ繰り上げる。
②　第３条及び第４条を削る場合
第３条及び第４条を削り，第５条を第３条とし，第６条から第10条までを２条ずつ繰り上げる。
③　第３条及び第７条を削る場合
第３条を削り，第４条を第３条とし，第５条を第４条とし，第６条を第５条とし，第７条を削り，第８条を第６条とし，第９条を第７条とし，第10条を第８条とする。

この例に示すように，条を削った場合には，その分だけ空白が生じることになるので，それ以下の条を繰り上げることによって，その空白を埋めなければならない。この場合にも削る前に条を繰り上げたり，削る条数と繰り上げるべき条数が一致しなかったりの誤りを犯しやすいので注意しなければならない。

次に，繰上げの途中の条において，条，項等の改正又は字句の改正等がある場合の繰上げの方法は，条を繰り下げる場合の方法に準じて次のように行えばよい。

例（第10条を末条とし，第３条を削るものとする。）

①　第７条第１項の字句中「A」を「B」に改める必要がある場合

第３条を削り，第４条を第３条とし，第５条を第４条とし第６条を第５条とする。

第７条第１項中「A」を「B」に改め，同条を第６条とする。

第８条を第７条とし，第９条を第８条とし，第10条を第９条とする。

②　第７条第２項の全部を改める必要がある場合

第３条を削り，第４条を第３条とし，第５条を第４条とし，第６条を第５条とする。

第７条第２項を次のように改め，同条を第６条とする。

２　何々

第８条を第７条とし，第９条を第８条とし，第10条を第９条とする。

③　第７条の全部を改める必要がある場合

第３条を削り，第４条を第３条とし，第５条を第４条とし，第６条を第５条とし，同条の次に次の１条を加える。

（何々）

第６条　何々

第７条を削り，第８条を第７条とし，第９条を第８条とし，

第10条を第９条とする。

ウ　二つの条で構成されている本則を条のない本則にする場合

例

第２条を削り，第１条の見出し及び条名を削る。

エ　枝番号の条の最後の条又は最後の条を削る場合

例１（第３条の２の次は第４条とする。）

第３条の２を削る。

第２（第10条を末条とする。）

第10条を削る。

この例に示すように，そのまま削ればよく，繰上げによる整理は必要としない。また，例１の場合のように枝番号を削る場合においては，その後に引き続く枝番号の条文がある場合を除いて，次のような形骸を残す改正方法は用いない。

第３条の２を次のように改める。

第３条の２　削除

(4)　見出しを改める場合

ア　新たに見出しを付する場合

例

第何条に見出しとして「(何々)」を付する。

この場合において，見出しは，条と一体を成し，説明的なものであるから見出しを「加える」とはしないで，「付する」とする。

イ　見出しの全部を改める場合

> **例**
> 第何条の見出しを「(何々)」に改める。

ウ　見出しの一部を改める場合

> **例**
> 第何条の見出し中「A」を「B」に改める。

エ　条中の字句と見出し中の字句を同時に改める場合

> **例**
> 第何条（見出しを含む。）中「A」を「B」に改める。

9　項の改正

(1)　項を改める場合

> **例**
> ①　第何条第２項を次のように改める。
> 　２　何々
> ②　第何条第２項及び第３項を次のように改める。
> 　２　何々
> 　３　何々
> ③　第何条第２項から第４項までを次のように改める。

２　何々

３　何々

４　何々

④　第何条第２項を次のように改める。

２　何々

第何条第４項を次のように改める。

４　何々

この例に示すように，連続する２以上の項を改める場合には②又は③のように，連続しない項を改める場合には④のように改正し，次のような改正方法は用いない。

第何条第２項及び第４項を次のように改める。

２　何々

４　何々

また，「第何条中第何項を」のように「中」という表現は用いず，「第何条第何項を」とする。

(2)　項を加える場合

ア　第１項の前に加える場合

例１（第５項を末項とする。）

第何条中第５項を第６項とし，第１項から第４項までを１項ずつ繰り下げ，同条に第１項として次の１項を加える。

何々

例２（第３項を末項とする。）

第何条中第３項を第４項とし，第２項を第３項とし，第１項を第２項とし，同項の前に次の１項を加える。

　何々

例３（第１項のみの条に加える。）

　第何条を同条第２項とし，同条に第１項として次の１項を加える。

　何々

　以上の例に示すように，項には枝番号を用いることはできないので，項を追加するには，必ず追加するだけの数の項を繰り下げなければならない。

　なお，例２の「同項の前に次の１項を加える」は，例１と同様に「同条に第１項として次の１項を加える」としてもよい。

イ　項と項の間に挿入する場合

例（第６項を末項とする。）

①　第２項と第３項との間に２項を挿入する場合

　第何条中第６項を第８項とし，第３項から第５項までを２項ずつ繰り下げ，第２項の次に次の２項を加える。

３　何々

４　何々

②　第２項と第３項との間に１項，第５項と第６項との間に２項を加える場合

　第何条中第６項を第９項とし，同項の前に次の２項を加える。

７　何々

８　何々

　第何条中第５項を第６項とし，第４項を第５項とし，第３項を第４項とし，第２項の次に次の１項を加える。

3　何々

②は次の方法によってもよい。

第何条中第６項を第９項とし，第５項を第６項とし，同項の次に次の２項を加える。
7　何々
8　何々
第何条中第４項を第５項とし，第３項を第４項とし，第２項の次に次の１項を加える。
3　何々

次に繰下げの途中において項中の字句等の改正を必要とする場合には，前述した条を追加する場合に準じて当該字句等についての所要の改正を行ってから繰り下げなければならない。

例（第６項を末項とし，第２項と第３項との間に１項を挿入するものとする。）

①　第４項第２号中の字句を改める必要がある場合

第何条中第６項を第７項とし，第５項を第６項とし，同条第４項第２号中「A」を「B」に改め，同項を同条第５項とし，同条第３項を同条第４項とし，同条第２項の次に次の１項を加える。

3　何々

②　第４項第２号の全部を改める必要がある場合

第何条中第６項を第７項とし，第５項を第６項とし，同条第４項第２号を次のように改め，同項を同条第５項とする。

(2)　何々

第何条中第３項を第４項とし，第２項の次に次の１項を加える。

３　何々

③　第４項の全部を改める必要がある場合

第何条中第６項を第７項とし，第５項を第６項とし，同項の前に次の１項を加える。

５　何々（旧第４項の改正）

第何条中第４項を削り，第３項を第４項とし，第２項の次に次の１項を加える。

３　何々

④　第４項を削る場合

第何条中第４項を削り，第３項を第４項とし，第２項の次に次の１項を加える。

３　何々

ウ　末項の次に加える場合

(ア)　二つ以上の項で構成されている場合

例（第６項を末項とする。）

第何条に次の１項を加える。

７　何々

(イ)　一つの項で構成されている場合

例

第何条に次の１項を加える。

２　何々

エ　末項の全部を改め，末項の次に加える場合

例（第6項を末項とし，同項の次に1項を加えるものとする。）

第何条第6項を次のように改める。

6　何々

第何条に次の1項を加える。

7　何々

(3)　項を削る場合

項を削る場合は，条を削る場合と異なり，その性格上形骸を残すような改正方法は用いられないので，最後の項を削る場合を除き，必ず繰上げによる整理を行わなければならない。

例（第10項を末項とする。）

①　第5項を削る場合

第何条中第5項を削り，第6項を第5項とし，第7項から第10項までを1項ずつ繰り上げる。

②　第3項及び第7項を削る場合

第何条中第3項を削り，第4項を第3項とし，第5項を第4項とし，第6項を第5項とし，第7項を削り，第8項を第6項とし，第9項を第7項とし，第10項を第8項とする。

③　第10項を削る場合

第何条第10項を削る。

次に，項を繰り上げる過程において字句等の改正の必要がある場合には，条を削る場合に準じて当該字句等について，所要の改正をした後，繰上げを行わなければならない。

例（第10項を末項とし，第４項を削るものとする。）

①　第７項第２号中の字句「A」を「B」に改める必要がある場合

第何条中第４項を削り，第５項を第４項とし，第６項を第５項とし，同条第７項第２号中「A」を「B」に改め，同項を同条第６項とし，同条中第８項を第７項とし，第９項を第８項とし，第10項を第９項とする。

②　第７項第２号の全部を改める必要がある場合

第何条中第４項を削り，第５項を第４項とし，第６項を第５項とし，同条第７項第２号を次のように改め，同項を同条第６項とする。

⑵　何々

第何条中第８項を第７項とし，第９項を第８項とし，第10項を第９項とする。

③　第７項の全部を改める必要がある場合

第何条中第４項を削り，第５項を第４項とし，第６項を第５項とし，同項の次に次の１項を加える。

６　何々

第何条中第７項を削り，第８項を第７項とし，第９項を第８項とし，第10項を第９項とする。

10　号の改正

⑴　号を改める場合

ア　各号列記のうちのいくつかの号を改める場合

例

①　第何条（第何項）第１号を次のように改める。

⑴　何々

②　第何条（第何項）第１号及び第２号を次のように改める。

⑴　何々

⑵　何々

③　第何条（第何項）第１号から第３号までを次のように改める。

⑴　何々

⑵　何々

⑶　何々

この例において，①は単一の号を改める場合に，②及び③は連続する２以上の号を改める場合に用いる。

次に連続しない２以上の号を改める場合は，次のようにして行う。

例

第何条（第何項）第１号を次のように改める。

⑴　何々

第何条（第何項）第３号を次のように改める。

⑶　何々

この場合において注意すべきことは，次に示すような改正方法は用いないということである。

第何条（第何項）第１号及び第３号を次のように改める。

⑴　何々

⑶　何々

また，以上の例で示したように「第何条（第何項）中第何号」というように「中」は用いず，単に「第何条（第何項）第何号」と表現することは，前述した条，項等の改正の場合と同様である。

イ　各号列記の全部を改める場合

例（第３号を末号とする。）

第何条（第何項）各号を次のように改める。

⑴　何々

⑵　何々

⑶　何々

⑵　号を加える場合

号を加えるには，条を加える場合と同じく，枝番号を用いる方法と繰下げによる方法とがあるが，いずれの改正方法を用いるかの選択の基準は，条を加える場合と同様である。

ア　第１号の前に号を加える場合

㋐　枝番号を用いる場合

例

第何条（第何項）中第１号を第１号の３とし，同号の前に次の２号を加える。

⑴　何々

⑴の２　何々

「同号の前に」は，「同条に第１号及び第１号の２として」とする方法もある。

㋑　繰下げによる場合

例（第５号を末号とし，２号を加えるものとする。）

第何条（第何項）中第５号を第７号とし，第１号から第４号までを２号ずつ繰り下げ，同条に第１号及び第２号として次の２号を加える。

⑴　何々

⑵　何々

イ　号と号との間に挿入する場合

㋐　枝番号を用いる場合

例

第何条（第何項）第２号の次に次の１号を加える。

⑵の２　何々

㋑　繰下げによる場合

例（第10号を末号とする。）

①　第５号と第６号との間に１号を加える場合

第何条（第何項）中第10号を第11号とし，第６号から第９号までを１号ずつ繰り下げ，第５号の次に次の１号を加える。

⑹　何々

②　第７号と第８号との間に１号を加える場合

第何条（第何項）中第10号を第11号とし，第９号を第10号とし，第８号を第９号とし，第７号の次に次の１号を加える。

⑻　何々

次に，繰下げの途中で号の字句等の改正をする必要がある場合には，前述した条及び項を追加する場合に準じて字句等についての所要の改正を行ってから繰り下げなければならない。

例（第10号を末号とし，第４号と第５号との間に１号を挿入するものとする。）

①　第７号中の字句「A」を「B」に改める必要がある場合

第何条（第何項）中第10号を第11号とし，第９号を第10号とし，第８号を第９号とし，同条（同項）第７号中「A」を「B」に改め，同号を同条（同項）第８号とし，同条（同項）中第６号を第７号とし，第５号を第６号とし，第４号の次に次の１号を加える。

⑸　何々

②　第７号の全部を改める必要がある場合

第何条（第何項）中第10号を第11号とし，第９号を第10号とし，第８号を第９号とし，同号の前に次の１号を加える。

⑻　何々

第何条（第何項）中第７号を削り，第６号を第７号とし，第５号を第６号とし，第４号の次に次の１号を加える。

⑸　何々

③　第７号を削る場合

第何条（第何項）中第７号を削り，第６号を第７号とし，第５号を第６号とし，第４号の次に次の１号を加える。

⑸　何々

②は，次のようにしてもよい。

第何条（第何項）中第10号を第11号とし，第９号を第10号とし，第８号を第９号とし，第７号を削り，第６号を第７号とし，同号の次に次の１号を加える。

(8)　何々

第何条（第何項）中第５号を第６号とし，第４号の次に次の１号を加える。

(5)　何々

ウ　末号の次に加える場合

例（第５号を末号とする。）

第何条（第何項）に次の１号を加える。

(6)　何々

エ　末号の全部を改め，末号の次に加える場合

例（第５号を末号とし，同号の次に１号を加えるものとする。）

第何条（第何項）第５号を次のように改める。

(5)　何々

第何条（第何項）に次の１号を加える。

(6)　何々

オ　号のない条又は項に号を加える場合

例（２号又は３号を加えるものとする。）

①　第何条（第何項）に次の各号を加える。

(1)　何々

(2)　何々

②　第何条（第何項）に次の各号を加える。

⑴　何々

⑵　何々

⑶　何々

号の数に関係なく全部の号を表現する場合は「各号」とする。

⑶　号を削る場合

号を削る方法には，条を削る場合と同じく形骸を残すもの（削除方式）と形骸を残さないもの（繰上げ方式）とがあるが，いずれの方法を用いるかの選択の基準については，条を削る場合と同様である。

ア　形骸を残す場合

例

①　第何条（第何項）第3号を次のように改める。

⑶　削除

②　第何条（第何項）第3号及び第4号を次のように改める。

⑶及び⑷　削除

③　第何条（第何項）第3号から第5号までを次のように改める。

⑶から⑸まで　削除

イ　形骸を残さない場合

繰上げによる整理の方法は，条及び項における場合と同様である。

例（第8号を末号とする。）

①　第3号を削る場合

第何条（第何項）中第3号を削り，第4号を第3号とし，第5号から第8号までを1号ずつ繰り上げる。

② 第3号及び第4号を削る場合

第何条（第何項）中第3号及び第4号を削り，第5号を第3号とし，第6号から第8号までを2号ずつ繰り上げる。

③ 第3号及び第6号を削る場合

第何条（第何項）中第3号を削り，第4号を第3号とし，第5号を第4号とし，第6号を削り，第7号を第5号とし，第8号を第6号とする。

次に，号を繰り上げる過程において字句等の改正の必要がある場合には，条及び項を削る場合に準じて，当該字句等についての所要の改正をした後に繰上げを行わなければならない。

例（第10号を末号とし，第3号を削るものとする。）

① 第7号中の字句「A」を「B」に改める必要がある場合

第何条（第何項）中第3号を削り，第4号を第3号とし，第5号を第4号とし，第6号を第5号とし，同条（同項）第7号中「A」を「B」に改め，同号を同条（同項）第6号とし，同条（同項）中第8号を第7号とし，第9号を第8号とし，第10号を第9号とする。

② 第7号のアを全部改める必要がある場合

第何条（第何項）中第3号を削り，第4号を第3号とし，第5号を第4号とし，第6号を第5号とし，同条（同項）第7号アを次のように改め，同号を同条（同項）第6号とする。

ア　何々

第何条（第何項）中第8号を第7号とし，第9号を第8号とし，第10号を第9号とする。

③ 第7号の全部を改める必要がある場合

第何条（第何項）中第３号を削り，第４号を第３号とし，第５号を第４号とし，第６号を第５号とし，同号の次に次の１号を加える。

(6)　何々（旧第７号の改正）

第何条（第何項）中第７号を削り，第８号を第７号とし，第９号を第８号とし，第10号を第９号とする。

ウ　枝番号の号の最後の号又は末号を削る場合

例１（第５号の３を枝番号の最後の号とする。）

第何条（第何項）第５号の３を削る。

例２（第５号を末号とする。）

第何条（第何項）第５号を削る。

この場合においては，例に示すように，そのまま削ればよく，繰上げによる整理は必要としない。また，例１の場合のように枝番号の最後の号を削る場合も，次のような形骸を残す削除方式は用いない。

第何条（第何項）第５号の３を次のように改める。

(5)の３　削除

11　号に属するア，イ，ウ等の改正

号に属する事項を更に細分する必要がある場合においては，ア，イ，ウ又は(ア)，(イ)，(ウ)等を用いるが，それらを改正する場合の方法は，次のとおりとする。

(1)　ア，イ，ウ等の中の字句を改める場合

例
① 第何条（第何項）第何号ア中「A」を「B」に改める。
② 第何条（第何項）第何号ア中「A」の次に「B」を加える。
③ 第何条（第何項）第何号ア中「A」を削る。

⑵ ア，イ，ウ等を改める場合

例
第何条（第何項）第何号アを次のように改める。
　ア　何々

この場合において，「第何条（第何項）第何号中ア」とはしない。

⑶ ア，イ，ウ等を加える場合

ア　アの前に加える場合

例（アからエまであるとする。）
第何条（第何項）第何号中エをオとし，アからウまでをイからエまでとし，同号にアとして次のように加える。
　ア　何々

この例に示すように，ア，イ，ウ等を加える場合は，条，項又は号を加えるように「何条（項，号）ずつ繰り下げる。」という方法や枝番号による方法を用いることができないが，移動のみが四つ以上となる場合は，範囲を明確に示し，まとめて移動するのが一般的である。移動のみが三つまでの場合は，次のように一つずつ移動する（アからウまであるとする。）。

第何条（第何項）第何号中ウをエとし，イをウとし，アをイとし，同号にアとして次のように加える。

ア　何々

イ　ア，イ，ウ等の間に挿入する場合

例（アからオまであるとし，アとイの間に二つを加えるものとする。）

第何条（第何項）第何号中オをキとし，イからエまでをエからカまでとし，アの次に次のように加える。

イ　何々

ウ　何々

次に，挿入する過程において字句等の改正を必要とする場合には，前述した改正方法に準じて次のようにして行う。

例（アからオまであるとし，イとウの間に一つを挿入するものとする。）

①　エの(ウ)中の字句「A」を「B」に改める必要がある場合

第何条（第何項）第何号オを同号カとし，同号エ(ウ)中「A」を「B」に改め，同号エを同号オとし，同号ウを同号エとし，同号イの次に次のように加える。

ウ　何々

②　エの全部を改める必要がある場合

第何条（第何項）第何号中オをカとし，カの前に次のように加える。

オ　何々（旧エの改正）

第何条（第何項）第何号中エを削り，ウをエとし，イの次に次のように加える。

ウ　何々

③　エを削る場合

第何条（第何項）第何号中エを削り，ウをエとし，イの次に次のように加える。

ウ　何々

②は，次のようにしてもよい。

第何条（第何項）第何号中オをカとし，エを削り，ウをエとし，エの次に次のように加える。

オ　何々（旧エの改正）

第何条（第何項）第何号イの次に次のように加える。

ウ　何々

ウ　ア，イ，ウ等の最後を改め，その次に加える場合

例（アからウまであるとし，ウの次にエを加えるものとする。）

第何条（第何項）第何号ウを次のように改める。

ウ　何々

第何条（第何項）第何号に次のように加える。

エ　何々

エ　ア，イ，ウ等のないものにア，イ，ウ等を加える場合

例

第何条（第何項）第何号に次のように加える。

　　ア　何々
　　イ　何々
　　ウ　何々

(4) ア，イ，ウ等を削る場合

例1（アからエまであるとし，イを削るものとする。）
　第何条（第何項）第何号中イを削り，ウをイとし，エをウとする。
例2（アからエまであるとし，最後のエを削るものとする。）
　第何条（第何項）第何号エを削る。

例2に示すように最後のものを削る場合を除き，削る場合は必ず繰上げによる整理をしなければならず，次のように形骸を残す方法は用いない。

　第何条（第何項）第何号イを次のように改める。
　　イ　削除

12　ただし書及び後段の改正

(1) ただし書又は後段を改める場合

例
①　第何条（第何項）ただし書を次のように改める。
　　ただし，何々（第3字目から）
②　第何条（第何項）後段を次のように改める。
　　この場合において，何々（第3字目から）

この例に示すように，条及び項のただし書又は後段を改める，あるいは加える場合は３字目から規定するが，号の場合は４字目から，ア，イ，ウの場合は５字目から規定することに注意する。

次に，ただし書又は後段を改め，同時に他の条，項等の改正をする場合は，次のようにして行う。

例

①　第１項ただし書を改め，第２項の全部を改める場合
　第何条第１項ただし書を次のように改める。
　　ただし，何々
　第何条第２項を次のように改める。
　２　何々

②　第１項ただし書を改め，第２項中の字句を改める場合
　第何条第１項ただし書を次のように改める。
　　ただし，何々
　第何条第２項中「A」を「B」に改める。

また，項や号を改正する場合と同じく，「第何条（第何項）第何号中ただし書……」というように「中」という表現は用いず，単に「第何条（第何項，第何号）ただし書」と表現する。

(2)　ただし書又は後段を追加する場合

例

①　第何条（第何項）に次のただし書を加える。
　　ただし，何々

②　第何条（第何項）に後段として次のように加える。
　　この場合において，何々

各号のある条の各号列記以外の部分にただし書又は後段を追加しようとする場合には，次のような改正方法を用いる。

> ①　第何条（第何項）各号列記以外の部分に次のただし書を加える。
>
> 　　ただし，何々
>
> ②　第何条（第何項）各号列記以外の部分に後段として次のように加える。
>
> 　　この場合において，何々

上記は，条又は項に各号が置かれている場合に用いられ，各号がないときは「各号列記以外の部分」は不要である。

次に，号等にただし書を加える場合での号の規定が名詞で終っているものについては，名詞の次に「。」を打ってただし書を加えなければならない。例えば，「⑺農業振興課の各係の分掌事務」にただし書を加える場合において，「第何条第７号に次のただし書を加える。」とすると「分掌事務」の後に「。」が出てこないのでこの改正方法は用いることができない。この場合は，次のようにして改正する。

> **例**
>
> 第234条第７号中「分掌事務」を「分掌事務。ただし，〇〇〇〇事務所以外の〇〇事務所の農業振興課企画農政係においては，当該事務のほか，農地管理係の分掌事務を分掌するものとする。」に改める。

⑶　ただし書又は後段を削る場合

例

①　第何条（第何項，第何号）ただし書を削る。

②　第何条（第何項，第何号）後段を削る。

⑷　各号を伴うただし書又は後段を改正する場合

各号列記を伴うものであっても，⑴から⑶までに述べた改正方法により改正すればよいわけであるが，ここでは，特に改正技術上問題を生じさせ，条例等の編さんをする際に支障を来しやすいもので通常用いられるものについて説明する。

ア　ただし書又は後段を改めてそれに伴う各号を加える場合

例

第何条（第何項）ただし書（後段）を次のように改める。

ただし（この場合において），次に掲げる事項については，何々。

⑴　何々

⑵　何々

イ　ただし書又は後段を改めてそれに伴う各号を削る場合

例

第何条（第何項）ただし書（後段）を次のように改め，同条（同項）各号を削る。

ただし（この場合において），何々。

ウ　各号を含めてただし書又は後段を削る場合

> **例**
>
> 第何条（第何項）ただし書（後段）及び各号を削る。

13　表の改正

詳細な改正技術については，別表の改正に譲ることとするが，条文中の表を改正する場合は，おおむね次のようにして行う。

⑴　表の全部を改正する場合

ア　改める場合

> **例**
>
> 第何条（第何項）の表を次のように改める。
>
> | |
> |---|
> | |

イ　加える場合

> **例**
>
> 第何条（第何項）に次の表を加える。
>
> | |
> |---|
> | |

ウ　削る場合

> **例**
>
> 第何条（第何項）の表を削る。

⑵　表の一部を改正する場合

ア　改める場合

例

第何条（第何項）の表中

「

A

」を

「

B

」に

改める。

この場合において特に注意すべきことは，改正される表の部分と改正しようとする表の部分の枠の大きさを等しくしなければならないということである。

イ　加える場合

例

第何条（第何項）の表中

「

A	

」を

「

A	
B	

」に

改める。

ウ　削る場合

例

第何条（第何項）の表Bの項を削る。

⑶　表中の字句を改正する場合

ア　改める場合

㋐　項及び欄の区分のない場合

例

○	○	○	○	○ △	○ △	○ △	○ △	×	×	×	×	×

（この表において，△△△△を改める必要があるものとする。）

第何条（第何項）の表中「△△△△」を「◬◬◬◬」に改める。

㋑　項に区分されている場合

例

A	
B	…………○○○○…………
C	

（この表において，○○○○を改めるものとする。）

第何条（第何項）の表Bの項中「○○○○」を「××××」に改める。

㋒　欄に区分されている場合

例

A	B	C
	…………………………… ……○○○○…… ……………………………	

（この表において，○○○○を改めるものとする。）

第何条（第何項）の表Bの欄中「○○○○」を「××××」に改める。

㈓　項及び欄に区分されている場合

例

	a	b	c
A			
B	…○○○○…		
C			

（この表において，○○○○を改めるものとする。）

第何条（第何項）の表Bの項aの欄中「○○○○」を「××××」に改める。

イ　加える場合及び削る場合

アの改める場合に準じて行えばよい。

14　附則の改正

附則の改正は，それが条又は項のいずれにより構成されている場合でも，本則の条又は項の改正と同じ方法を用いて改正すればよい。

次に，一部改正等の附則は，本則の改正と異なり，当初の条例等に溶け込むということがないので，一部改正等の附則の一部を改正しようとするときは，当該改正しようとする附則がいずれの改正条例等のものであるかを明示して改正しなければならない。

制定当初の附則の改正は，改正条例等の中で本則の改正の次にそのまま行えばよいが，例えば，平成○年条例第○号による○○市（町村）職員等に対する退職手当支給条例の一部を改正する条例の附則を改正する必要がある場合には，改正しようとする附則がいずれの一部改正条例等の附則であるかを次のように明示しなければならない。

例

本則及び附則第１項及び第２項　略

３　○○市（町村）職員等に対する退職手当支給条例の一部を改正する条例（平成○年○○市（町村）条例第○号）の一部を次のように改正する。

附則第３項中「掲げる退職」の次に「（公務上の死亡以外の死亡による退職で規則で定めるものを除く。）」を加え，同項第１号中「第５条第２項」を「第５条第３項」に改める。

（以下　略）

また，特殊な場合であるが，１項のみの附則に項（追加しようとするものが多数の項になる場合は条）を追加する場合は，次のような方法を用いる。

附則を附則第１項（条）とし，同項（条）に見出しとして「（施行期日）」を付し，同項（条）の次に次の２項（条）を加える。

（何々）

２　（第２条）　何々

（何々）

３　（第３条）　何々

附則が１項のみの場合は，見出しが付されていないため，項番号（条名）とともに，見出しを付する改正も同時に行う必要がある。追加する新たな項（条）にも見出しが付される。

15　別表の改正

(1)　別表の全部を改正する場合

ア　改める場合

例

①　別表第３を次のように改める。

別表第３（第○条関係）

②　別表第３及び別表第４を次のように改める。

別表第３（第○条関係）

別表第４（第×条関係）

③　別表第３から別表第５までを次のように改める。

別表第３（第○条関係）

別表第４（第×条関係）

別表第５（第△条関係）

この例において，②及び③は，連続する２以上の別表を改める場合に用いる。

ここで注意すべきことは，別表に備考や注書きがある場合において，当該備考や注書きを改正する必要がないときであっても，改正後の別表の次にそれらを書き加えないと，それらがなくなってしまうこととなるので，忘れないでそれらを付け加える。

イ　加える場合

㈠　別表第１の前に加える場合

a　枝番号による場合

例

別表第１を別表第１の２とし，同表の前に次の１表を加える。

別表第１（第○条関係）

「同表の前に」は，「附則の次に」とすることもできる。

b　繰下げによる場合

例（別表第５を最後の別表とする。）

別表第５を別表第６とし，別表第４を別表第５とし，別表第３を別表第４とし，別表第２を別表第３とし，別表第１を別表第２とし，同表の前に次の１表を加える。

別表第１（第○条関係）

別表も番号が振られている場合は，条や項と同様に扱うことができる，とされているから，上記の場合は，次のようにしてもよい。

別表第５を別表第６とし，別表第１から別表第４までを１表ずつ繰り下げ，附則の次に次の１表を加える。

(イ)　別表と別表との間に挿入する場合

この場合においては，条や号を加える場合と同じように枝番号を用いる方法と繰下げによる方法とがあるが，別表の数が多く繰り下げるのが煩雑に過ぎるときは，枝番号を用いることが多い。

a　枝番号による場合

例（別表第２と別表第３との間に二つの別表を加えるものとする。）

別表第２の次に次の２表を加える。

別表第２の２（第○条関係）

別表第２の３（第×条関係）

b　繰下げによる場合

例（別表第５を最後の別表とし，別表第２と別表第３との間に１別表を加えるものとする。）

別表第５を別表第６とし，別表第４を別表第５とし，別表第３を別表第４とし，別表第２の次に次の１表を加える。

別表第３（第○条関係）

なお，加えようとする別表が一つだけのときは，この例のように単に「次の１表を加える。」とし，「次の１別表を加える。」とはしないのが通例である。

次に，繰下げの過程において表中の字句等の改正を必要とする場合には，前述した条，項及び号の繰下げに準じて，次のように所要の改正をした後に繰り下げる。

例（別表第７を最後の別表とし，別表第２と別表第３との間に１別表を加え，別表第４中の字句を改め，別表第５中の枠で囲まれた部分を改め，別表第６の全部を改めるものとする。）

別表第７を別表第８とし，同表の前に次の１表を加える。

別表第７（第○条関係）

別表第６を削る。

別表第５中

「A」を

「| B |」に

改め，同表を別表第6とする。

別表第4中「○○○○」を「××××」に改め，同表を別表第5とする。

別表第3を別表第4とし，別表第2の次に次の1表を加える。

別表第3（第×条関係）

この例は，次のように規定することもできる。

別表第7を別表第8とし，別表第6を削る。

別表第5中

「| A |」を

「| B |」に

改め，同表を別表第6とし，同表の次に次の1表を加える。

別表第7（第○条関係）

別表第4中「○○○○」を「××××」に改め，同表を別表第5とし，別表第3を別表第4とし，別表第2の次に次の1表を加える。

別表第3（第×条関係）

⒲　最後の別表の次に加える場合

例（別表第５を最後の表とする。）

別表第５の次に次の１表を加える。

別表第６（第○条関係）

⒳　別表が一つのみのものに加える場合

例

①　既別表の前に加える場合

別表を別表第２とし，同表の前に次の１表を加える。

別表第１（第○条関係）

②　既別表の次に加える場合

別表を別表第１とし，同表に次の１表を加える。

別表第２（第○条関係）

①中「同表の前」の部分は，「附則の次」としてもよい。

⒴　別表のないものに加える場合

例

①　一つの別表を加える場合

　附則の次に次の別表を加える。

別表（第○条関係）

②　二つ以上の別表を加える場合

　附則の次に別表として次の2表を加える。

別表第1（第○条関係）

別表第2（第×条関係）

ウ　削る場合

(ア)　最後の別表又は枝番号の別表の最後の別表以外のものを削る場合

　この場合には，形骸を残す方法と形骸を残さない繰上げによる方法とがあるが，前者は，別表の数が多く繰上げによる混乱を避ける場合に用いられる。

a　形骸を残す場合

例（別表第5を最後の別表とし，別表第3を削るものとする。）

　別表第3を次のように改める。

別表第3　削除

b　形骸を残さない場合

例（別表第５を最後の別表とし，別表第２を削るものとする。）
別表第２を削り，別表第３を別表第２とし，別表第４を別表第３とし，別表第５を別表第４とする。

次に，繰上げ過程において表中の字句又は枠で囲まれた部分等の改正を必要とする場合は，別表を加える場合の繰下げの場合に準じて，所要の改正を行った後に順次繰り上げればよい。

(イ)　最後の別表又は枝番号の別表の最後の別表を削る場合

この場合には，繰上げによる整理を必要としないので，そのまま削ればよい。

a　最後の別表を削る場合

例（別表第５を最後の別表とし，同表を削るものとする。）
別表第５を削る。

b　枝番号の別表の最後の別表を削る場合

例（別表第２の３を枝番号の別表の最後の別表とし，同表を削るものとする。）
別表第２の３を削る。

(ウ)　二つ以上ある別表の全てを削る場合

例（別表第１と別表第２の全てを削るものとする。）

別表第１及び別表第２を削る。

上記において，例えば，別表第１から別表第５までの全てを削る場合は，「別表第１から別表第５までを削る。」とする。

(2)　別表中の枠で囲まれた部分を改正する場合

ア　改める場合

例１

別表第何中「A」を「B」に改める。

例２

別表第２

	A	B	C	D	E
甲					
乙					

この表において，斜線の部分を改める場合は，次のようにして行う。

別表第２甲の項中「　」を「　」に改める。

例２の場合において，「別表第２甲の項Cの欄を次のように改める。」という方法は用いないのが通例である。

また，斜線の部分が別表中において容易に特定できる場合は，例１の方法を用いて例２のように「何々の項中」というような位置の指定をする必要はない。

次に，この枠を改める改正方法は，枠中の字句を全て改める場合又は字句の大部分を改める必要がある場合に用い，それ以外の場合は，後述する枠中の字句の改正の方法を用いる。例えば，例２の場合にあって　中の字句を改正するときは，次のように行う。

別表第2甲の項Cの欄中「○○○」を「×××」に改める。

イ　加える場合

例

別表第何（何々の項）（何々の欄）中「

甲	

」を「

甲	
乙	

」に改める。

例

別表第1（第○条関係）

甲	A	
	B	
乙	C	

この表において，甲のAの区分の斜線の部分の次に加える場合は，次のようにして行う。

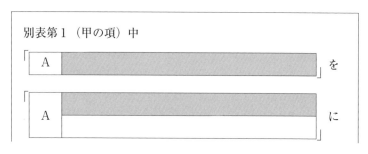

別表第1（甲の項）中

「

A	

」を

「

A	

」に

改める。

別表（条・項に附属する表を含む。）中の罫線の扱いについては，例えば，囲まれた項や欄を追加する場合に，既存の線と重複するように見えても，罫線はない扱いとされているので，線で囲まれた項や欄を追加すればよい。

ウ　削る場合

例

別表第何Bの項を削る。

例

別表第2（第○条関係）

甲	A	○○○○○○○○○○○○○○○○○○○○○○
	B	

この表において，斜線の部分を削ることによりそれを包囲するAの区分枠が小さくなる場合には，当該斜線の部分を包囲する最小単位の区分であるAの区分まで引用して改めなければならない。

別表第2（甲の項）中

「

A	○○○○○○○○○○○○○○○○○○○○○○

」を

「

A	○○○○○○○○○○○○○○○○○○○○○○

」に

改める。

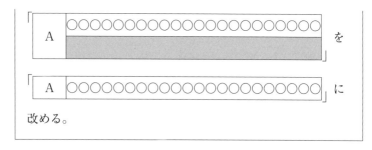

この場合において，次のような改正方法は用いられない。

別表第２（甲Aの項）中

「

○○○○○○○○○○○○○○○○○○○○○○○○○

」を

「

○○○○○○○○○○○○○○○○○○○○○○○○○

」に

改める。

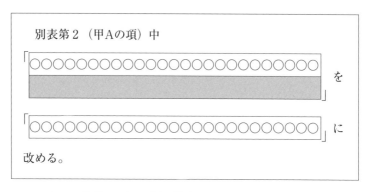

次に，複数の項又は欄で構成されている表の最後の項又は欄を削る場合は，その項又は欄のみを削ることによって表に空白の部分を生じさせることがないので当該項又は欄の枠をそのまま削ればよい。

例

別表第３

	a	b	c	d
A				××××××
B				××××××
C				××××××
D				××××××

この表において，最後の項又は欄であるDの項又はdの欄を削る場合は，次のようにして行う。

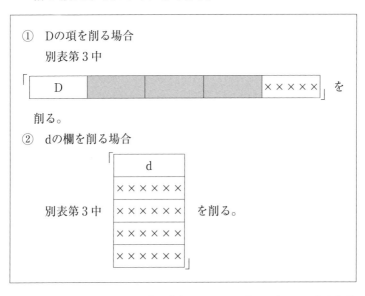

①　Dの項を削る場合

別表第３中

「

D				×××××

」を削る。

②　dの欄を削る場合

別表第３中

「

d
××××××
××××××
××××××
××××××

」を削る。

この場合において，「別表第３Dの項を削る。」又は「別表第３dの欄を削る。」としてもよい。項や欄に隣接する線は，消えない扱いとされている。

(3)　別表を区分する項を改正する場合

ア　改める場合

例

別表第何の３××××の項を次のように改める。

３　××××

この場合において，「３　××××」を記載漏れすることがよく見受けられるので注意しなければならない。また，この例に示すように「別表第何の３××××の項」と引用するのを原則とするが，項名が長い場合又は項の中の下位段階の項を改めるような場合は，「第３項」と引用してもよい。例えば後者の場合は，「別表第何第３項アを次のように改める。」又は「別表第何第３項ア中「○○○○」を「××××」に改める。」とすればよい。

イ　加える場合

例（別表が１から４までの項に区分されているものとする。）

①　第１項の前に加える場合

別表第何中第４項を第５項とし，第１項から第３項までを１項ずつ繰り下げ，同表に第１項として次の１項を加える。

１　×××に関する事項	×××××

②　第２項と第３項の間に加える場合

別表第何中第４項を第５項とし，第３項を第４項とし，第２項の次に次の１項を加える。

３　○○○に関する事項	×××××

③　第4項の次に加える場合
　別表第何に次の1項を加える。
（別表第何に次のように加える。）

5　○○○に関する事項	×××××

　次に，繰下げの過程に字句の改正等を必要とする場合は，前述した別表全体の繰下げに準じて行う。

例（別表第1が1から5までの項に区分され，第3項中の字句及び第4項中の字句を改正し，第2項と第3項との間に1項を加えるものとする。）
　別表第1第5項を同表第6項とし，同表第4項中「A」を「B」に改め，同項を同表第5項とし，同表第3項中「C」を「D」に改め，同項を同表第4項とし，同表第2項の次に次の1項を加える。

3　○○○に関する事項	×××××

ウ　削る場合

例（別表第2が1から5までの項に区分されているものとする。）
①　第1項を削る場合
　別表第2中第1項を削り，第2項を第1項とし，第3項から第5項までを1項ずつ繰り上げる。
②　第3項を削る場合
　別表第2中第3項を削り，第4項を第3項とし，第5項を

第４項とする。
③　第５項を削る場合
別表第２の５何々の項を削る。
（別表第２第５項を削る。）

この例において，③の場合は，繰上げの必要がないので，「別表第２の５何々の項」というように項の名称を表示して削ることを原則とするが，当該箇所以外で繰上げ又は繰下げによる改正があり，その場合に項の名称を用いていないときは，統一を図る意味で「別表第２第５項を削る。」という方法を用いてもよい。

また，同じ③の場合に，別表第２の「２」と５（番号が付されている場合）何々の項といった別表の番号と項の番号とが続いているときは，「25」と誤読されるおそれがあるので，「２」と「５」の間に「の」を入れて混乱を避ける「別表第何の何（番号）何々の項」とする。

⑷　別表中の字句を改正する場合

改正しようとする字句の位置を特定させるため，必要に応じて，当該別表における最小単位の区分を引用する。字句の改正方法は，前述した条，項及び号における字句の改正と同様である。

ア　項又は欄の区分がなく改めようとする字句の位置が容易に判別できる場合

例
別表第何中「A」を「B」に改める。

イ　項又は欄の区分がなく改めようとする字句の位置の判別が困難な場合

この場合には，改めようとする字句に隣接する他の字句をも含めて引用すればよい。

例

別表第何中「○○○
A」を「○○○
B」に改める。

ウ　項の区分がある場合

例

別表第３（第○条関係）

A	
B	……………………………………………………… …………○○○………………………………
C	

（この表において「○○○」の字句を改めるものとする。）

別表第３Bの項中「○○○」を「×××」に改める。

エ　欄の区分がある場合

例

別表第４（第○条関係）

甲	乙	丙	丁
		……………… ……○○○…… ………………	

（この表において「○○○」の字句を改めるものとする。）

別表第４丙の欄中「○○○」を「×××」に改める。

オ　項及び欄の区分がある場合

例

別表第５（第○条関係）

	甲	乙	丙
A	…………………… ……○○○……		
B			
C		…………………… ……×××……	

（この表において「○○○」及び「×××」の字句を改めるものとする。）

別表第５Aの項甲の欄中「○○○」を「□□□」に改め，同表Cの項乙の欄中「×××」を「△△△」に改める。

この例の場合において，改めようとする字句がAの項若しくは甲の欄又はCの項若しくは乙の欄のいずれかによって容易にその位置を判別できる場合には，項又は欄のいずれか一方を引用すればよい。

次に，別表が複雑な項及び欄によって構成されている場合における字句を改正する取扱いを具体例をもって示してみよう。

例１

別表第１（第○条関係）

	副市長専決事項	部長専決事項		課長専決事項
		総務部長	各部長	
共通専決事項	１ 　略 11 12　競争入札に係る設計金額3,000万円以内の工事及び随意契約に係る設計金額1,000万円以内の工事の施行に関すること。	１ 　略 11 12 (1) ～　略 (3) (4)　公有財産購入経費のうち，１件の予定金額が200万円（用地の購入にあっては，2,000万円）以内の公有財産に係るもの	１ 　略 21 22　総務部長専決に係る工事及び工事材料の設計変更（設計変更の結果当初の設計金額に２割をこえる増減をきたすこととなる場合を除く。）に関すること。	１ 　略 16 17 (1)　略 (2)　需用費のうち，１件の予定経費が３万円以内の食糧費及び１件の予定経費が10万円以内の修繕料

（この表において，下線を付した字句を改正するものとする。）

別表第１共通専決事項の項副市長専決事項の欄第12項中「3,000万円」を「１億円」に改め，同項部長専決事項の総務部長の欄第12項第４号中「200万円」を「300万円」に，「2,000万円」を「3,000万円」に改め，同項部長専決事項の各部長の欄第22項中「総務部長」を「副市長」に改め，同項課長専決事項の欄第17項第２号中「３万円」を「５万円」に改める。

この例に示したように，表の中で内容が段落に区分され，数字で表示されている場合は，項又は号扱いにすることができる。

例２

別表第２（第×条関係）

補助事業名	添付すべき書類	添付書類を必要とする事業全体
1　公共事業のうちかんがい排水，暗渠（きょ）排水，客土，畑地総合整備，畑地かんがい，ほ場整備，一般農道整備，農道舗装，樹園地農道網整備，区画整理確定測量の各事業及び県単事業の全部	略	略

（この表において，下線を付した字句を改正するものとする。）

別表第２第１項補助事業名の欄中「県単事業の全部」を「県単事業（県営ほ場整備事業計画設計事業を除く。）」に改める。

項を引用する場合は，「○○○の項」というように項の名称を引用するのを原則とするが，この例に示したように，項に区分され，当該項に項番号が付され，かつ，項の名称が長い場合には，単に項番号だけを引用し，「第何項」と表示してもよい。

⑸　別表中の備考又は注書きを改正する場合

ア　全部を改正する場合

⑺　改める場合

> **例**
> 　別表第何（○○○の項の表）の備考（注）を次のように改める。
> 　備考（注）　何々

⑴　加える場合

> **例１**
> 　別表第何（○○○の項の表）に次の備考（注）を加える。
> 　備考（注）　何々
> **例２**
> 　別表第何（○○○の項の表）に備考として次のように加える。
> 　備考（注）　何々

⑹　削る場合

> **例**
> 　別表第何（○○○の項の表）の備考（注）を削る。

イ　一部を改正する場合

⑺　改める場合

> **例**
> 　別表第何（○○○の項の表）の備考（注）３（３）を次のよ

うに改める。

（3）　何々

(ｲ)　加える場合

例（備考又は注書きが1から5までに区分されているものとする。）

①　備考（注書き）1の前に加える場合

別表第何（○○○の項の表）の備考（注）5を同表備考（注）6とし，同表備考（注）4を同表備考（注）5とし，同表備考（注）3を同表備考（注）4とし，同表備考（注）2を同表備考（注）3とし，同表備考（注）1を同表備考（注）2とし，同表備考（注）2の前に次の備考（注）を加える。

1　何々

②　備考（注書き）2と備考（注書き）3の間に挿入する場合

別表第何（○○○の項の表）の備考（注）5を同表備考（注）6とし，同表備考（注）4を同表備考（注）5とし，同表備考（注）3を同表備考（注）4とし，同表備考（注）2の次に次の備考（注）を加える。

3　何々

③　備考（注書き）5の次に加える場合

別表第何（○○○の項の表）の備考（注）に次の備考（注）を加える。

6　何々

①は，次のようにしてもよい。

別表第何（○○○の項の表）中備考（注）５を備考（注）６とし，備考（注）１から備考（注）４までを備考（注）２から備考（注）５までとし，同表（同項の表）に備考（注）１として次のように加える。 　　１　何々

(ウ)　削る場合

例（備考又は注書きが１から５までに区分されているものとする。） ①　備考（注書き）１を削る場合 　　別表第何（○○○の項の表）の備考（注）１を削り，同表備考（注）２を同表備考（注）１とし，同表備考（注）３を同表備考（注）２とし，同表備考（注）４を同表備考（注）３とし，同表備考（注）５を同表備考（注）４とする。 ②　第３項を削る場合 　　別表第何（○○○の項の表）の備考（注）３を削り，同表備考（注）４を同表備考（注）３とし，同表備考（注）５を同表備考（注）４とする。 ③　第５項を削る場合 　　別表第何（○○○の項の表）の備考（注）５を削る。

①は，次のようにしてもよい。

別表第何（○○○の項の表）中備考（注）１を削り，備考（注）２を備考（注）１とし，備考（注）３から備考（注）５

までを備考（注）２から備考（注）４までとする。

㈤　字句を改正する場合

a　改める場合

例

①　別表第何（○○○の項の表）の備考（注）中「A」を「B」に改める。

②　別表第何（○○○の項の表）の備考（注）何中「A」を「B」に改める。

b　加える場合

例

①　別表第何（○○○の項の表）の備考（注）中「A」の次に「B」を加える。

②　別表第何（○○○の項の表）の備考（注）何中「A」の次に「B」を加える。

c　削る場合

例

①　別表第何（○○○の項の表）の備考（注）中「A」を削る。

②　別表第何（○○○の項の表）の備考（注）何中「A」を削る。

16　別記様式の改正

⑴　別記様式の全部を改正する場合

ア　改める場合

例

①　別記様式を次のように改める。

別記様式（第○条関係）

②　別記様式第３号を次のように改める。

別記様式第３号（第○条関係）

③　別記様式第３号及び別記様式第４号を次のように改める。

別記様式第３号（第○条関係）

別記様式第４号（第×条関係）

④　別記様式第３号から別記様式第５号までを次のように改める。

別記様式第３号（第○条関係）

別記様式第４号（第×条関係）

別記様式第５号（第△条関係）

この例において，①は様式が一つのみの場合に，③及び④は連続する二つ以上の様式を改める場合に用いる。

イ　加える場合

(ア)　別記様式第１号の前に加える場合

例（別記様式第５号を最後の様式とする。）

a　枝番号による場合

別記様式第１号を別記様式第１号の２とし，同様式の前に次の様式を加える。

別記様式第１号（第○条関係）

b　繰下げによる場合

別記様式第５号を別記様式第６号とし，別記様式第４号を別記様式第５号とし，別記様式３号を別記様式第４号とし，別記様式２号を別記様式第３号とし，別記様式第１号を別記様式第２号とし，同様式の前に次の１様式を加える。

別記様式第１号（第○条関係）

この場合において，bの改正規定は次のようにしてもよい。

別記様式第５号を別記様式第６号とし，別記様式第１号から別記様式第４号までを１様式ずつ繰り下げ，附則（別表）の次に別記様式第１号として次の１様式を加える。

(イ)　別記様式と別記様式との間に挿入する場合

枝番号を用いる方法と繰下げによる方法とがあるが，別記様式の数が多く繰下げが煩雑に過ぎるときは，枝番号を用いて加える。

例（別記様式第５号を最後の様式とし，別記様式第３号と別記様式第４号との間に２様式を加えるものとする。）

a　枝番号による場合

別記様式第３号の次に次の２様式を加える。

別記様式第３号の２（第○条関係）

別記様式第３号の３（第×条関係）

b　繰下げによる場合

別記様式第５号を別記様式第７号とし，別記様式第４号を別記様式第６号とし，別記様式第３号の次に次の２様式を加える。

別記様式第４号（第○条関係）

別記様式第５号（第×条関係）

なお，繰下げの過程において様式中の字句等の改正を必要とする場合には，前述した別表の場合の繰下げに準じて，所要の改正をした後に繰り下げればよい。

(ウ)　最後の別記様式の次に加える場合

例（別記様式第５号を最後の様式とする。）

　別記様式第５号の次に次の１様式を加える。

別記様式第６号（第○条関係）

(エ)　一つのみの別記様式に加える場合

例

①　既存の様式の前に加える場合

　別記様式を別記様式第２号とし，同様式の前に次の１様式を加える。

別記様式第１号（第○条関係）

②　既存の様式の次に加える場合

　別記様式を別記様式第１号とし，同様式の次に次の１様式を加える。

別記様式第２号（第○条関係）

(オ)　別記様式のないものに加える場合

a　一つの様式のみを加える場合

例

①　別表がある場合

　別表の次に次の１様式を加える。

別記様式（第○条関係）

②　別表がない場合

　附則の次に次の１様式を加える。

別記様式（第○条関係）

b　二つ以上の様式を加える場合

例

　別表（附則）の次に次の２様式を加える。

別記様式第１号（第○条関係）

別記様式第２号（第×条関係）

ウ　削る場合

(ア)　最後の別記様式又は枝番号の別記様式の最後のもの以外のものを削る場合，形骸を残す方法と繰上げによる方法とがあるが，前者は，様式の数が多く繰上げによる混乱を避ける場合に用いられる。

a　形骸を残す場合

例（別記様式第２号を削るものとする。）

別記様式第２号を次のように改める。

別記様式第２号　削除

b　繰上げによる場合

例（別記様式第５号を最後の様式とし，別記様式第２号を削るものとする。）

別記様式第２号を削り，別記様式第３号を別記様式第２号とし，別記様式第４号を別記様式第３号とし，別記様式第５号を別記様式第４号とする。

なお，繰上げの過程において様式中の字句の改正等を必要とする場合は，当該字句等について所要の改正を行った後に順次繰り上げればよい。

(イ)　最後の別記様式又は枝番号の別記様式の最後のものを削る場合

繰上げによる整理を必要としないで，そのまま削ればよい。

a　最後の別記様式を削る場合

例（別記様式第５号を最後の様式とし，同様式を削るものとする。）

別記様式第５号を削る。

b　枝番号の別記様式の最後のものを削る場合

> **例**（別記様式第3号の2を枝番号の別記様式の最後のものとし，同様式を削るものとする。）
> 別記様式第3号の2を削る。

(ウ)　二つ以上の別記様式の全てを削る場合

> **例**（別記様式第1号から第5号までの全ての様式を削るものとする。）
> 別記様式第1号から別記様式第5号までを削る。

(2)　別記様式中の枠で囲まれた部分を改正する場合

別表中の枠で囲まれた部分を改正する場合に準ずる。

(3)　別記様式を区分する項を改正する場合

別表を区分する項を改正する場合に準ずる。

(4)　別記様式中の字句を改正する場合

別表中の字句を改正する場合に準ずる。

(5)　別記様式中の備考又は注書きを改正する場合

別表中の備考又は注書きを改正する場合に準ずる。

17　一部改正に伴う附則規定の留意事項

(1)　施行期日と適用関係の記述

附則については，P180以降で詳しく説明されているが，ここでは，施行期日と適用関係について，条例等の制定時と一部改正に伴う附則の規定の違いを記述する。

条例等は，附則で記述する「施行」によって強制力を発動することになるが，同時に個別・具体の人や事項や事物についても効力が及ぶことになり，適用状態に置かれることになるから，改めて適用関係を規定する必要はないこととされている。しかし，施行期日を定めただけでは，施行以後の適用関係が必ずしも明確でない場合がある。例えば，継続した状態や行為が施行時点をまたいで存在する場合や，施行時点より過去に遡って効力を生じさせる遡及適用などの措置を採ることがある。このような関係について明らかにするのが適用関係の規定であり，一般的には「(経過措置)」として規定することが多い。

この適用関係を附則で規定する場合に，制定時の規定と一部改正時の規定には違いがあるため注意を要する。

⑵　新制定の場合

例

附　則

この条例は，公布の日から施行し，令和元年６月１日から適用する。

（注）この条例の公布の日は，令和元年10月１日である。

⑶　一部改正の場合

ア　１項のみの場合

例

附　則

この条例は，公布の日から施行し，この条例による改正後の○○市職員の給与に関する条例の規定は，平成30年４月１日から適用する。

（注）この条例の公布の日は，平成30年10月１日である。

イ　複数の項の場合

例

附　則

（施行期日）

1　この条例は，令和○年○月○日から施行する。

（経過措置）

2　この条例による改正後の○○市職員の旅費に関する条例の規定は，この条例の施行の日以後に出発する旅行について適用し，施行日前に出発した旅行については，なお従前の例による。

(4)　適用関係規定の留意点

上記の(2)及び(3)アの例は，いわゆる遡及適用の例であるが，遡及適用については，条例等を遡って当てはめることが国民や住民に対して利益をもたらす場合に限って認められるものであり，不利益を与えるおそれのある内容については注意する必要がある。特に，罰則については，憲法第39条において遡及が禁止されていることに留意しなければならない。

第3　全部改正

1　はじめに

条例等について，個々の部分のみでなく，全体的に改めようとする場合には全部改正の方式が用いられる。この場合，改正しようとする条例等を廃止し，改正後の条例等を新たに制定する方法を用いることもある。いかなる場合に全部改正の方式を用い，又は廃止制定の方式を用いるかの基準は必ずしも明確ではないが，通常，条例等の内容を成す制度を変更することなくその制度の枠内において内容を全面的に改正する場合に全部改正の方法を用い，制度自体をも変更する必要がある場合に廃止制定の方法が用いられる。また，条例等の内容を全面的に改める場合でなくとも，字句等の改正がほとんどの条文に及び，一部改正の方法を用いれば複雑になってしまう場合にも，改正技術の能率性，経済性から全部改正の方式を用いることとしている。

2　全部改正条例等の立案形式

(1)　題名を変更する場合

例

　○○市（町村）保育所設置管理条例をここに公布する。

　　令和○年○月○日

　　　　　　　　　　　　　　　○○市（町村）長　氏　　　　名

○○市（町村）条例第○号

　　　○○市（町村）保育所設置管理条例

　○○市（町村）保育所設置条例（平成○年○○市（町村）条例第○号）の全部を改正する。

　　（設置）

第１条　何々

(2)　題名を変更しない場合

例

　○○市（町村）立保育所設置規則をここに公布する。

　　令和○年○月○日

　　　　　　　　　　　　　　　○○市（町村）長　氏　　　　名

○○市（町村）規則第○号

　　　○○市（町村）立保育所設置規則

　○○市（町村）立保育所設置規則（平成○年○○市（町村）

規則第○号）の全部を改正する。
目次
　第1章　何々
　　　　（以下略）

この例に示すように，全部改正する場合の方法は，題名の次に全部改正する旨の法文（制定文）を加える部分を除いては，新たな条例等を制定する場合の方法と同じであり，題名も「○○市（町村）保育所設置条例の全部を改正する条例」又は「○○市（町村）立保育所設置規則の全部を改正する規則」というような表現を用いることはない。

次に，A条例を廃止して，これに代えてB条例を規定する場合は，B条例の附則に，「A条例（平成○年条例第○号）は，廃止する。」という規定を必要とするが，全部改正による場合は当然のことながらこのような規定は設ける必要はない。

3　全部改正の効果

2で述べたように全部改正の方法は，廃止制定の方法とは若干の差異があるが，その効果は，廃止制定の方法による場合と同じである。まず，ある条例等を全部改正すれば，その条例等の条例番号は，以後全部改正条例等の公布の際の条例番号によることになる。また，全部改正する前の条例等の附則は，その条例等の一部改正条例等の附則を含めて，全て消滅する。したがって，ある条例等の全部改正後においては，改正前の附則を改正するということはあり得ない。

4　全部改正に伴う経過規定

廃止制定の場合は，旧条例等によって許認可，免許等を受けていた者については，新条例等の同様の規定によって許認可，免許等を受けたものとみなす旨の規定を置かなければ，当該許認可，免許等に係る資格，地位は継続しないものとされ，また，全部改正の場合においては，附則等においてこのような経過規定を設けなくとも，改正前の規定による許認可，免許等に係る地位等は継続するものと解釈されなくもないが，通常においては，このような場合であっても，全部改正条例等の附則に，改正前の規定に基づく許認可，免許等の効力についての経過規定が設けられる。

第４　廃　止

１　はじめに

条例等を廃止する方法は，他の条例等に廃止規定を置く方法と別に，廃止のための条例等を制定する方法の二つがあり，前者は新たに条例等が制定され，又は他の条例等が改正された結果として既存の条例等を廃止する場合に，後者は他の条例等の制定改正と関係なく既存の条例等を廃止する場合に用いられる。

２　廃止条例等の立案形式

⑴　他の条例等の附則で廃止する場合

例

附　則

（施行期日）

１　この条例は，令和○年○月○日から施行する。

（○○市（町村）立農業協同組合講習所条例等の廃止）

２　○○市（町村）立農業協同組合講習所条例（平成○年○○市（町村）条例第○号）及び○○市（町村）農業経営研修所条例（平成○年○○市（町村）条例第○号）は，廃止する。

（経過措置）

３　この条例の施行の日の前日において第２条に規定する農業経営研修施設に相当する施設に入所している者については，同条に規定する農業関係研修施設に入所しているものとみなす。

この例に示すように，廃止規定は，施行期日等を定める規定の次に設け，廃止規定の次には，当該廃止に伴う経過規定を置くのが通例である。

(2)　廃止のための条例等を制定する場合

例

○○市（町村）事業場設置奨励条例を廃止する条例をここに公布する。

令和○年○月○日

○○市（町村）長　氏　　　　名

○○市（町村）条例第○号

○○市（町村）事業場設置奨励条例を廃止する条例

○○市（町村）事業場設置奨励条例（平成○年○○市（町村）条例第○号）は，廃止する。

附　則

1　この条例は，令和○年○月○日から施行する。

2　この条例の施行の日の前日において現にこの条例による廃止前の○○市（町村）事業場設置奨励条例第3条の規定による指定を受けている者及び同条の規定による指定の申請をしている者に対する同条例第3条から第8条までの規定の適用については，なお従前の例による。

(3)　二つ以上の条例等を廃止する場合

ア　他の条例等の附則で廃止する場合

例

①（二つの条例を廃止するもの）

附　則

（施行期日）

1　何々

（○○条例及び××条例の廃止）

2　○○条例（平成○年○○市（町村）条例第○号）及び××条例（平成○年○○市（町村）条例第○号）は，廃止する。

（廃止に伴う経過措置）

3　何々

②（三つ以上の条例を廃止するもの）

附　則

（施行期日）

1　何々

（○○条例等の廃止）

2　次に掲げる条例は，廃止する。

(1)　○○条例（平成○年○○市（町村）条例第○号）

(2)　××条例（平成○年○○市（町村）条例第○号）

(3)　△△条例（平成○年○○市（町村）条例第○号）

（廃止に伴う経過措置）

3　何々

この例に示すのが原則ではあるが，二つの条例等を廃止する場合でも②の方法を採ることがある。その場合の見出しは，二つの条例等の題名を「及び」で接続し，①のように規定する。

イ　廃止のための条例等を制定する場合

例

①（二つの条例を廃止するもの）

○○条例及び××条例を廃止する条例をここに公布する。

令和○年○月○日

○○市（町村）長　氏　　　　名

○○市（町村）条例第○号

○○条例及び××条例を廃止する条例

○○条例（平成○年○○市（町村）条例第○号）及び××条例（平成○年○○市（町村）条例第○号）は，廃止する。

附　則

（施行期日）

１　何々

（廃止に伴う経過措置）

２　何々

② （三つ以上の条例を廃止するもの）

○○条例等を廃止する条例をここに公布する。

令和○年○月○日

○○市（町村）長　氏　　　　名

○○市（町村）条例第○号

○○条例等を廃止する条例

次に掲げる条例は，廃止する。

(1)　○○条例（平成○年○○市（町村）条例第○号）

(2)　××条例（平成○年○○市（町村）条例第○号）

(3)　△△条例（平成○年○○市（町村）条例第○号）

附　則

（施行期日）

１　何々

（廃止に伴う経過措置）

２　何々

⑷　廃止のための条例等の本則に廃止に伴う経過措置に関する規定を置く特例

> **例**
>
> 　○○条例の廃止に関する条例をここに公布する。
>
> 　　令和○年○月○日
>
> 　　　　　　　　　　　　　　○○市（町村）長　氏　　　　名
>
> ○○市（町村）条例第○号
>
> 　　　○○条例の廃止に関する条例
>
> 　（○○条例の廃止）
>
> 第1条　○○条例（平成○年○○市（町村）条例第○号）は，廃止する。
>
> 　（経過措置）
>
> 第2条　何々
>
> 　　　附　則
>
> 　この条例は，公布の日から施行する。

　この例は，廃止に伴う経過規定が条例等の廃止と同程度の重要性を持つ場合に用いられる特殊なものである。

　なお，この場合，第2条の経過規定を附則に置いても，もちろん差し支えない。

3　廃止に伴う経過規定

　条例等を一部改正又は全部改正する場合においても同様であるが，特に条例等を廃止する場合において注意すべきことは，経過措置をどうするかということである。条例等を廃止するときは，当然のことながら，この廃止される条例等に基づく一定の秩序や制度が存在しているわけであるから，この秩序や制度を急激に全くなくしてもよいかどうかが問題になる。この既成の秩序や制度を評価するに当たっては，特に次の点について検討しなければならない。

⑴　廃止される既存の条例等に基づく既得の権利，地位の尊重及び保護

⑵　既存の条例等の廃止による急激な変化に対する緩和措置の必要性

⑶　廃止される既存の条例等に基づく罰則等の不利益措置の効果の継続の必要性

これらについて検討の結果，経過措置が必要であるときは，廃止条例の附則に経過規定を設けるなど，所要の措置が必要となるのである。

第３節　規定内容の書き方

第１　本則の規定

１　はじめに

条例等における各規定の配列は，一般的には次のようになる。

まず，条例等の全体に通じる原則的事項や基本的事項である総則的規定，立法目的を達成するための事項である実体的規定，実体的規定に付随する事項で技術的・手続的事項である雑則的規定及び罰則規定に分かれ，この順序で配列する。

次に，これらの規定ごとに，重要な事項から軽易な事項へ，時間的に先行する事項から後続する事項へと各規定を配列する。

以下詳説する。

２　総則的規定

(1)　目的規定

条例等においては，内容の単純なもの，法律の施行条例などを除き，第１条に目的規定を置くのが通例である。

目的規定は，その条例等の立法目的を明らかにしたものであり，条例等の各規定を解釈する上での指針となるものである。ただし，規則においては，規則が条例を施行する場合や条例の委任に基づく場合に制定されることが多いことから，目的規定を置くことは条例に比べて少ない。

目的規定の書き方には，次のような方法がある。

ア　直接の目的のみを掲げたもの（例１）

イ　直接の目的及びその達成手段を掲げたもの（例２）

ウ　直接の目的及びより高次の目的を掲げたもの（例３）

エ　直接の目的，その達成手段及び究極的な目的を掲げたもの

（例４）

例１

（目的）

第１条　この条例は，地方自治法（昭和22年法律第67号。以下「法」という。）第155条第１項及び第２項並びに第156条第１項及び第２項の規定に基づき，行政機関（警察署を除く。）の設置並びに名称，位置及び所管区域について定めることを目的とする。

例２

（目的）

第１条　この条例は，都市計画法（昭和43年法律第100号）第58条第１項の規定に基づき，風致地区内における建築物の建築，宅地の造成，木竹の伐採その他の行為について必要な規制を行い，もって都市の風致を維持することを目的とする。

例３

（目的）

第１条　この条例は，○○県内にあるすぐれた自然の風景地の風致を保護するとともに，その利用の増進を図り，もって県民の保健，休養及び教化に資することを目的とする。

例４

（目的）

第１条　この条例は，住みよい県土を実現するためには，良好な環境（生活環境及び自然環境をいう。以下同じ。）の確保が必要かつ欠くことのできないものであることに鑑み，人為による環境の破壊を防止し，及び破壊された環境を回復するための施策等の基本となる事項を定めることにより，環境の保全のための対策の総合的推進を図り，もって県民の福祉の増進を図ることを目的とする。

⑵　趣旨規定

条例等の内容により，目的規定を置くほどでもない場合は，その条例等の内容を簡明に要約した条文を第１条に置くことが通例となっており，通常これを趣旨規定と呼んでいる。

趣旨規定を置くのは，結局，その条例等の理解を容易にするためのものであり，その旨を簡明に規定する必要がある。

なお，目的規定と趣旨規定のどちらを置くかについては，明確な基準はないが，公の施設の設置・管理等に関する条例，上位法令のある規則等については，原則として趣旨規定を設ける方がよいとされる。

規定の仕方は，おおむね次のように類型化できよう。

ア　条例等の趣旨の直接的な表現の形式（例１）

例　「この条例は，……に関し必要な事項を定めるものとする。」

イ　間接的な表現の形式（例２）

例　「……については，この条例の定めるところによる。」

ウ　委任事務条例等の形式（例３）

例　「○○法第○条の規定に基づき，……について必要な事項を定めるものとする。」

例１

（趣旨）

第１条　この規則は，○○市（町村）母子家庭医療費支給条例（平成○年○○市（町村）条例第○号。以下「条例」という。）の施行に関し，必要な事項を定めるものとする。

例２

（趣旨）

第１条　社会福祉法（昭和26年法律第45号）第58条第１項の規定に基づく社会福祉法人の助成については，別に定めるもののほか，この条例の定めるところによる。

例３

（趣旨）

第１条　この規則は，○○市（町村）交通遺児奨学年金条例（平成○年○○市（町村）条例第○号。以下「条例」という。）第10条の規定に基づき，年金の支給に関し必要な事項を定めるものとする。

なお，法律の委任に基づく条例，法律の施行に関する規則（通常「○○法施行細則」の題名を付する。）及び条例の施行に関する規則（通常「○○条例施行規則」の題名を付する。）は，通常「趣旨規定」が置かれている。

機関，基金等の設置条例では「設置」という見出しで始まり，その設置の目的なり趣旨なりを条文の中で規定するものが多い。

次に，その実例を掲げる。

例１　（附属機関の設置に係るもの）

（設置）

第１条　地方自治法（昭和22年法律第67号）第138条の４第３項の規定に基づき，法律又は他の条例に定めがあるもののほか，執行機関の附属機関を別表のとおり設置する。

例２　（機関又は公の施設の設置に係るもの）

（部の設置）

第１条　地方自治法（昭和22年法律第67号）第158条第１項及び第２項の規定に基づき，知事の権限に属する事務を分掌させるため，次の部を置く。

（設置）
第１条　県民の消費生活の向上を図るため，消費生活センターを設置する。

例３　（基金の設置に係るもの）

（設置）
第１条　県庁舎の建設に必要な経費に充てるため，○○県県庁舎建設基金（以下「基金」という。）を設置する。

(3) 定義規定

定義規定は，条例等において用いられる用語の意義を定める規定である。条例等は言葉によって組み立てられているため，その言葉の意味が，その条例等を解釈する際に重要な決め手となることはいうまでもない。しかし，言葉は一般に，その意味に幅があり，必ずしも一義的ではない。そのような言葉を条例等において使用しようとする場合は，解釈上の疑義を少なくするため，使用する言葉の意味を明確にしておく必要がある。

定義規定は，条例等の総則的部分に設ける方法と，条例等中の必要な箇所で設ける方法とがある。前者は，条例等において基本となる意義をもつ言葉を定義する場合の方法であり，この場合の用語の定義は本則のほか附則，別表等の当該条例等全体に及ぶこととなる。これに対し，後者は，部分的に用いられる言葉を定義する場合の方法であり，この場合の用語の定義は，その定義が置かれた箇所以下の同一の用語にのみ及ぶこととなる。

定義規定の基本的な型は，「この条例（規則）において「○○」とは，……をいう。」という書き方である（例１）。

定義される用語の数が多い場合には，前述のような基本型を第１項，第２項，第３項等と重ねて書く方式と，「この条例（規則）において，次に掲げる用語の意義は，当該各号に定めるところによる。」という柱書きをまず書き，次に第１号，第２号，第３号等として書く方式がある（例2，例３）。

定義規定のもう一つの型として，前述したように，各条項の中で用語の定義を置くものがある（例４）。

例１

（定義）

第２条　この条例において「文化財」とは，法第２条第１項第１号から第４号までに掲げる有形文化財，無形文化財，民俗文化財及び記念物をいう。

例２

（用語の定義）

第２条　この条例において「伝統的建造物群」とは，法第２条第６号に掲げる伝統的建造物群をいう。

２　この条例において「伝統的建造物群保存地区」とは，法第142条に規定する伝統的建造物群保存地区（以下「保存地区」という。）をいう。

例３

（用語）

第２条　この条例において次に掲げる用語の意義は，当該各号に定めるところによる。

⑴　処理区域　法第６条第１項の区域をいう。

⑵　除外区域　廃棄物の処理及び清掃に関する法律施行令（昭和46年政令第300号。以下「政令」という。）第２条で定める基準に従い市長が指定した区域をいう。

例４

（遺族補償年金）

第12条　遺族補償年金を受けることができる遺族は，職員の配偶者（婚姻の届出をしていないが，職員の死亡の当時事実上婚姻関係と同様の事情にあった者を含む。以下同じ。），子，父母……

なお，条例で定義規定を設けた場合でその条例に基づく規則においても当該字句を用いるときに，条例の定義を引用するか，しないかについては，次のように考えられる。

条例の施行規則であれば，当該規則中のその字句の解釈に疑問を生ずるおそれはまずないから，当該規則において条例上の定義を引用する必要はない。

規則中の字句の解釈に疑問を生ずるおそれがある場合とは，例えば，規則中の字句が当該条例で用いられているほか，他の条例等でも用いられているような場合である。この場合は，規則において定義規定を設ける方がよい。

(4)　略称規定

略称規定は，条例等中に長い字句が用いられ，かつ，何回も表現される場合に，専ら条例等の規定を簡潔にするために用いられるものである。略称を用いることとした場合には，当該略称をもって表すこととなる。

例　「○○○○（以下「△△」という。）」

(5)　その他の総則的規定

その他の総則的規定としては，適用範囲に関する規定，解釈規定，理念規定等と呼ばれるものがあるが，どのような規定を設けるべきかについては個々に判断せざるを得ない。

3　実体的規定

実体的規定は，条例等の制定目的である最も中心的な部分を成し，その内容は種々様々なものである。

ここでは，条例等の実体的規定として代表的な行政事務条例を例とし，中でも最も実例の多いであろう許可制について説明する。

(1) 許可制に関する規定

許可とは，公共の福祉・増進のため，法令により一定の事業や行為を一般的に禁止した上で特定の場合にこの禁止を解除し，適法又は有効にこれらの事業や行為を行うことができるようにする国や地方公共団体などの機関の行為のことをいう。

したがって，許可制に関する規定を設けるには，まず第１にどのような事業や行為をいかなる態様において規制するかという点を考え，次に当該事業等を適法又は有効に行い得るには許可を要すること，この二つの要件を定める必要がある（例1，２）。

例１

（設置の許可）

第３条　指定工場は，知事の許可を受けた後でなければ設置してはならない。

例２

（許可等）

第２条　風致地区内において，次に掲げる行為をしようとする者は，知事の許可を受けなければならない。

(1)　建築物その他の工作物の新築，増築，改築又は移転

(2)　宅地の造成，土地の開墾その他の土地の形質の変更

なお，許可制に関する規定を設けようとする際は，公共の福祉の要請とともに個人の自由の尊重に配慮して，届出制で足りるものではないか等についても検討する必要がある。更に，許可制とするものについては，その規制の内容が過重なものとならないよ

う留意しなければならない。

⑵　許可の申請に関する規定

許可は，これを受けようとする者が，一定の事項を記載した申請書を行政庁に提出しなければならないのが通例である。この許可を受けるための手続が申請手続であり，住民の権利義務に係る面が多いので，できるだけ条例で規定することが望ましい。もっとも，申請書に記載すべき事項，申請書の様式等基本的事項以外の事項については，規則に委任しても差し支えない。

例

（許可申請）

第19条　前条の規定による許可を受けようとする者は，次の事項を記載した申請書を知事に提出しなければならない。

⑴　氏名及び住所（法人にあっては，名称，代表者の氏名及び主たる事務所の所在地）

⑵　許可工事等の名称及び所在地

⑶　業種並びに規則で定める施設（以下本章において「施設」という。）の種類及び種類ごとの数

（以下略）

２　前項の規定による申請書には，施設の配置図その他規則で定める書類を添付しなければならない。

⑶　許可の基準に関する規定

許可等の権限を持つ行政庁の裁量行為が恣意的，便宜的に行われることがあってはならない。このため，許可制等をとる条例等には，許可等の基準を明定するのが通例である。

許可の基準の規定の仕方は，積極的に一定の基準に適合すると認めるときは「許可をしなければならない」と規定するもの（例

１）と，消極的に一定の場合には「許可をしてはならない」と規定するもの（例２）とがある。いずれの場合も，許可等の基準を規定するに当たっては，できるだけ具体的，客観的に定める必要がある。

例１

（営業の衛生基準）

第４条　知事は，前条第１項各号に規定する営業の施設について，公衆衛生の見地から必要な衛生基準を定めるものとする。

（許可）

第５条　知事は，第３条第２項の規定により申請があった場合において，当該申請に係る営業の施設が前条の規定による基準に合うと認めるときは，営業の許可をしなければならない。

例２

（利用の許可）

第６条　センターの施設を利用しようとする者は，市（町村）長の許可を受けなければならない。許可に係る事項を変更しようとするときも同様とする。

２　前項の許可は，当該許可に係る利用が次の各号のいずれかに該当する場合は，これをしてはならない。

⑴　センターの管理上支障があると認められるとき。

⑵　公共の福祉を阻害するおそれがあると認められるとき。

⑶　前２号のほか，センターの設置の目的に反すると認められるとき。

⑷　許可等の条件・有効期間に関する規定

許可制等をとる条例等において，許可等をする場合に，条件又は有効期間を付することができる旨の規定を置くこともある。

例

（行為の制限）

第３条　都市公園において，次の各号に掲げる行為をしようとする者は，市（町村）長の許可を受けなければならない。

⑴　行商，募金その他これらに類する行為をすること。

⑵　業として写真又は映画を撮影すること。

⑶　興業を行うこと。

⑷　競技会，展示会，博覧会その他これらに類する催しのために都市公園の全部又は一部を独占して利用すること。

２～４　（略）

５　市（町村）長は，第１項の許可に都市公園の管理上必要な範囲内で条件を付することができる。

⑸　許可等の変更に関する規定

許可等がなされた後，許可等に係る事項に変更があったり，新たな事項が加わったりした場合には，これらを要素とする許可等を受けなければならないとするのが通例である。この場合には，新規の許可等に係る手続規定を準用する場合が多いが，多少簡易に許可等の変更に係る手続を規定しているものもある。

例

（変更の許可及び届出）

第13条　前条第１項の許可を受けた者は，同条第２項第３号，第４号又は第５号に掲げる事項を変更しようとするときは，あらかじめ，規則で定めるところにより，知事の許可を受けなければならない。

２　（略）

３　前条第１項の許可を受けた者は，同条第２項第１号，第２号，第６号又は第７号に掲げる事項を変更したときは，その日から10日以内に，その旨を知事に届け出なければならない。
４　前条第１項又は第１項の許可を受けた者は，特定動物の飼養をやめたときは，その日から10日以内に，その旨を知事に届け出なければならない。

(6)　禁止事項，遵守事項に関する規定

条例等において，一定の行為を禁止し，又は許可を受けた事業者や営業者が行う業務の執行方法等について遵守しなければならない事項を規定する場合がある。これらの義務違反に対しては，行政処分がなされ，又は罰則が科せられることとなる。

例１

（禁止広告物）
第９条　次の各号に掲げる広告物若しくは広告物を掲出する物件を表示し，又は設置してはならない。
(1)　著しく汚染し，たい色し，又は塗料等の剥離したもの
(2)　著しく破損し，又は老朽したもの
(3)　倒壊又は落下のおそれのあるもの
(4)　道路交通の安全を阻害するおそれのあるもの

例２

（有害行為のための場所提供等の禁止）
第20条　何人も，次の各号に掲げる行為が青少年に対してなされ，又は青少年がこれらの行為を行うことを知ってその場所を提供し，又は周旋してはならない。
(1)　みだらな性行為又はわいせつな行為
(2)　暴行又は賭博

(3)　飲酒又は喫煙
(4)　催眠，鎮痛又は鎮がいの作用を有する医薬品の不健全な使用
(5)　大麻，麻薬又は覚醒剤の使用
(6)　トルエン又は酢酸エチル，トルエン若しくはメタノールを含有するシンナー，接着剤若しくは塗料の不健全な使用

例３

（遵守事項）
第11条　営業者は，次の各号に掲げる事項を守らなければならない。
(1)　営業の施設を第４条の規定による基準に適合させること。
(2)　営業に従事する者の手指及び被服を就業中清潔に保つこと。
(3)　営業に伴って生ずる汚水その他の廃棄物を衛生的に処理すること。
(4)　前３号に規定するもののほか，規則で定める事項

(7)　許可の取消し等に関する規定

許可等を受けた者が，一定の規制基準や許可の条件等を守らないような場合には，監督庁はその違反状態を是正する必要が生じる。そこで，許可の取消しその他の監督処分に関する規定が置かれることになる。

許可の取消しは，住民の自由あるいは権利の保障に重大な影響を及ぼすものであるから，その基準については明確に条例等に規定すべきであり，また，取消しを行う場合は慎重になされなければならない。

例

（許可の取消し）

第17条　知事は，特定動物を飼養する者が，次の各号のいずれかに該当する場合は，当該許可を取り消すことができる。

(1)　第12条第４項（第13条第２項において準用する場合を含む。）の規定により，許可に付した条件に違反した場合

(2)　第14条各号に掲げる許可の要件を満たさなくなった場合

(3)　第15条の規定に違反して，特定動物を施設の外へ出した場合

２　知事は，前項の規定による許可の取消しをしようとするときは，あらかじめ，当該処分を受けるべき者に対し，弁明及び有利な証拠の提出の機会を与えなければならない。

４　雑則的規定

(1)　報告の徴収に関する規定

行政庁が一定の事務を執行するに当たって，法令の適切な執行を確保し，行政の適正な運用を図るため，その法令の適用を受ける個人又は法人から報告を徴することを必要とする場合がある。

報告の徴収は，報告を義務づけられる個人又は法人からすれば，権利及び自由に対する制限になるため，法令に特別の定めがある場合を除き，条例の根拠を必要とする。ただし，地方公共団体の機関が，その下部機関に対して報告を徴するような場合は，原則として条例の根拠を必要とせず，訓令又は通達をもって足りる。

報告を徴する事項の範囲は，その事務を執行する上で必要最小限のものに限るべきである。したがって，条文には「○○に必要な限度において」というような限定規定を設けるのが望ましい。

例１

（報告の徴収）

第63条　知事は，この条例の施行に必要な限度において，特定施設を設置する者又は特定建設作業を伴う建設工事を施工する者に対し，特定施設の状況，特定建設作業の状況その他必要な事項の報告を求めることができる。

例２

（検査）

第19条　知事は，この条例の規定を施行するため必要な限度において，広告物を表示し，若しくは広告物を提出する物件を設置する者又はこれらを管理する者から報告若しくは資料の提出を求め，又はその命じた者をして広告物若しくは広告物を掲出する物件の存する土地若しくは建物に立ち入り，広告物若しくは広告物を掲出する物件を検査させることができる。

⑵　立入検査に関する規定

行政庁が条例等に基づく事務を執行するために，当該行政庁の職員が，関係の事業所，事務所等に立ち入って，帳簿，書類等を検査し，あるいは関係者に質問をすることを必要とする場合がある。

立入検査は，検査を受ける側からすれば，権利及び自由に対する制限となるため，前述の報告の徴収の場合と同様，法令に特別の定めがある場合を除き，条例の根拠を必要とする。

立入検査に関する規定については，立入検査を行うことのできる場所や検査対象の物件等について限定的に規定し，検査を受ける側にとって必要以上の規制となることがないよう留意しなければならない。

また，立入検査に当たる職員は，その権限を行使する者が正当にこれを行うように，検査の際に身分証明書を提示すべきであり，この旨を規定するのが一般的である。

なお，ここでいう立入検査は，行政上の目的から行われる行政監督上のものであって，犯罪捜査のためのものではない。したがって，この点を明確にするために「犯罪捜査のために認められたものと解してはならない」旨の規定を置くのが通例である。

例１

（立入調査等）

第20条　市（町村）長は，この条例の施行に必要な限度において，指定した者に営業又は興行を行っている時間内に，次に掲げる場所に立ち入らせ，調査させ，関係者に質問させ，又は関係者から資料の提出を求めさせることができる。

(1)　図書類の販売，交換若しくは貸付けを業とする者の営業の場所又は図書類，避妊用具等の自動販売機の設置場所

(2)　興行を行う場所

(3)　広告物の広告主若しくは管理者の営業の場所又は広告物を掲出した場所

(4)　質屋，古物商，金属くず商又は金属くず行商の営業の場所

２　前項の規定により立入調査等を行う者は，その身分を示す証明書を携帯し，関係者に提示しなければならない。

３　第１項の規定による立入調査，質問又は資料の提出を求める権限は，犯罪捜査のために認められたものと解釈してはならない。

例２

（立入検査）

第９条　市（町村）長は，この条例の施行に必要な限度において，職員に建築現場，建築物又は建築物の敷地に立ち入り，書類その他の物件を検査させ，関係者に質問させることがで

きる。
2　前項の規定により職員が立ち入るときは，その身分を示す証明書を携帯し，関係者に提示しなければならない。
3　第１項の規定による立入検査の権限は，犯罪捜査のために認められたものと解してはならない。

(3) 聴聞に関する規定

聴聞は，行政庁が一定の行為をするに際して，あらかじめ関係人の意見を聴くための手続であり，行政運営の民主化のために欠くことができない制度である。

聴聞が条例等に規定される場合として，おおむね次の三つの場合がある。

ア　行政庁が許可等の処分，許可等を取り消す処分，営業停止の処分等を行う場合（例１）。
イ　行政庁の処分に対する不服申立ての審理の段階で行う場合（例２）。
ウ　行政庁が一定の計画の決定等を行うときに行う場合（例３）。

なお，条例等で定めた聴聞手続を経ずして行われた行政処分（特にアについて）は，無効と解されている。

例１

（聴聞）
第104条　公安委員会は，前条第１項又は第２項の規定により免許を取り消し，又は免許の効力を90日（公安委員会が90日を超えない範囲内においてこれと異なる期間を定めたときは，その期間）以上停止しようとするとき，又は同条第３項（同条第５項において準用する場合を含む。）の処分移送通知書の送付を受けたときは，公開による聴聞を行わなければならない。この場合において，公安委員会は，当該処分に係る者に対し，処分をしようとする理由並びに聴聞の期日及び場所を期日の１週間前までに通知し，かつ，聴聞の期日及び場所を公示しなければならない。

２　聴聞に際しては，当該処分に係る者又はその代理人は，当該事案について意見を述べ，かつ，有利な証拠を提出することができる。

例２

（不服申立ての手続における聴聞）

第39条　この条例の規定による処分についての審査請求に対する裁決又は決定（却下の裁決又は決定を除く。）は，前条の例により公開による聴聞をした後にしなければならない。

例３

（公聴会）

第53条　市（町村）長は，第○条の計画を制定しようとするときは，公聴会を開き，広く一般の意見を聴かなければならない。

⑷　規則等への委任規定

条例で一定の事項を規則に委任する場合には，条例の必要な箇所で具体的事項についての委任規定を設ける方法（例１）と，別に１条を委任規定のために設ける方法（例２）とがある。

なお，委任事項にもおのずから限界があり，包括的な委任はできず，また住民の権利・自由を規制する規定及び罰則の構成要件となる規定については，条例に直接規定し，規則への委任はできる限り避ける必要がある。

例１

（民間施設の緑化義務）

第25条　規則で定める面積以上の敷地を有する事務所又は事業所の所有者又は管理者は，その敷地のうち規則で定めるものに，知事の定める基準により，樹木を植えなければならない。

例２

（規則への委任）

第10条　この条例の施行に関し必要な事項は，規則で定める。

(5)　権限の委任に関する規定

権限の委任とは，普通地方公共団体の長が自己の権限の一部を受任者に移し，それを受任者の権限として行わさせることをいう。権限の委任があったときは，当該権限の行使は，受任者が自己の名と責任において行うこととなり，委任者は委任事項を処理する権限を失うこととなる。

例

（事務の委任）

第３条　次に掲げる公所に属する事務は，当該公所の長に委任する。

(1)　収入の調定に関すること。

(2)　支出の命令に関すること。

(3)　保管金（債権の担保として徴し，又は法令の規定により県が保管する現金で，県の所有に属さないものをいう。以下同じ。）及び保管有価証券（債権の担保として徴し，又は法令の規定により県が保管する有価証券で県の所有に属さないものをいう。以下同じ。）の出納命令に関すること。

2　前項の規定にかかわらず，必要により，当該公所に属さない前項各号に定める事務を公所の長に委任することがある。

5　罰則規定

(1)　はじめに

罰則は，これによって，法令上の義務違反を予防するとともに，その義務違反が現実に行われた場合には，予定された刑罰又は過料を科そうというものである。

地方自治法上，条例には，２年以下の懲役若しくは禁錮，100万円以下の罰金，拘留，科料若しくは没収の刑又は５万円以下の過料を科する旨の規定を設けること，規則には５万円以下の過料を科する旨の規定を設けることが認められている（地方自治法第14条第３項，第15条第２項）。

したがって，個々の法令に特別の定めがない限り，これらの規定の範囲内で条例・規則中に罰則規定を設けることができる。

(2)　罰則規定の書き方

ア　構成要件の明確化

罰則を定める場合には，どのような行為が犯罪として処罰されるかという犯罪の構成要件が明確に示されていなければならない。

罰則規定の書き方は，「人を殺した者は，死刑又は無期若しくは５年以上の懲役に処する」というように，もともと反倫理的，反社会的と考えられている行為について，罰則規定のみを設ける方法（直罰方式）と，本来それ自体としては反倫理的，反社会的とは考えられていない行為について，行政上の必要からこれを禁止する規定（義務規定）を設けて，それに違反した者に対して罰則規定を設ける方法とがある。

後者の場合の規定の仕方については，義務規定と罰則規定との調整を十分に行い，構成要件が不明確になることがないよう注意しなければならない。

例

（罰則）
第33条　次の各号のいずれかに該当する者は，１年以下の懲役又は30万円以下の罰金に処する。
⑴　第12条第１項の規定に違反して，知事の許可を受けないで特定動物を飼養した者
⑵　第27条の規定により命ぜられた同条第４号の措置を行わなかった者

イ　両罰規定

法人又は個人が違反行為をしたときには，それが当該法人又は個人の業務である限り，現実に違反行為をした者（使用されている者）を罰することに加えて，当該法人又は個人をも処罰することができる旨の規定を設けることができるが，これを両罰規定という。

なお，両罰規定は，罰金その他の財産刑に限られ，罰金以上の刑罰に対して科されるのが一般的であり，罰金等は国庫に帰属する。これに対して条例等に基づく秩序罰である過料は，地方公共団体の長が科し，その額は地方公共団体の収入となる。法人の犯罪行為等に対して両罰規定として過料を科すことを定めている例は法律にはなく，条例等でも同様に扱うべきと解される。

ウ　罰則規定の順序及び方法

罰則は，条例等が章，節等で区分されている場合は，雑則の章の次に「罰則」という章を設けて規定し，章，節等に区分さ

れていない場合は，本則の末尾に規定するのが通例である。

「罰則」という章を設けた場合は，罰則規定の各条には見出しを付けず，章，節等を設けない場合は，「(罰則)」の共通見出しを付ける（例)。

罰則を規定する順序は，同じ法定刑ごとに条又は項に分け，その重いものから順次軽いものへと並べ，同一の条項中で二つ以上の条名等を引用する場合は，数の少ない条名等から引用するのが通例である。なお，両罰規定を設ける場合は，それに関係のある罰則の直後に置く（例)。

例

(罰則)

第24条　次の各号のいずれかに該当する者は，１年以下の懲役又は30万円以下の罰金に処する。

(1)　第３条又は第６条第１項の規定に違反した者

(2)　第13条第１号から第３号までの規定に違反して，危険な動物を逃走させた者

(3)　第17条又は第18条の規定による命令に違反した者

第25条　次の各号のいずれかに該当する者は，10万円以下の罰金に処する。

(1)　第９条第１項又は第16条の届出をせず，又は虚偽の届出をした者

(2)　第12条の規定に違反して，危険な動物を施設から連れ出した者

(3)　第20条第１項の規定による報告をせず，又は虚偽の報告をした者

(4)　第20条第１項の規定による立入検査を拒み，妨げ，若しくは忌避し，又は同項の規定による質問に対して答弁をせ

　　ず，若しくは虚偽の答弁をした者
第26条　法人の代表者又は法人若しくは人の代理人，使用人その他の従事者が，その法人又は人の業務に関し，前２条の違反行為をしたときは，行為者を罰するほか，その法人又は人に対して各本条の罰金刑を科する。
第27条　第８条，第９条第２項又は第10条の届出をせず，又は虚偽の届出をした者は，５万円以下の過料に処する。

第２　附則の規定

１　はじめに

附則とは，当該条例等の施行期日，経過規定，既存の他の条例等の改廃に関する事項等の本則に付随する事項を規定する部分をいい，本則の後に「附則」と表示して置かれるものである。

２　附則での条文の配列及び内容

附則で規定する事項と配列は，おおむね次のとおりである。

(1)　施行期日に関する規定
(2)　既存の条例等の廃止に関する規定
(3)　経過措置に関する規定
(4)　既存の条例等の改正に関する規定
(5)　有効期限に関する規定
(6)　その他の規定

以下留意事項について述べることとする。

３　施行期日に関する規定

条例等の施行とは，条例等の規定の効力が一般的・現実的に発動し，作用することをいう。条例等は公布の手続を経て施行されることになるが，その施行時期については，当該条例等の附則において定められるのが通例である。

条例等の施行期日については，「公布の日から起算して10日を経過した日から，これを施行する。」こととされている（地方自治法第16条第３項，第５項）が，法律にならい，個々の条例等について施行期日が定められるのが通常である。

施行期日の定め方には様々な方法があるが，以下代表的な例を掲げることとする。

⑴　公布の日から即時に施行する方法

例１

附　則

この条例は，公布の日から施行する。

例２

附　則

（施行期日）

１　この条例は，公布の日から施行する。

⑵　一定の猶予期間を設けて施行する方法

条例等の適用を受ける住民等に，その内容を周知させる必要がある場合に用いられる方法である。

例

附　則

（施行期日）

１　この条例は，令和２年４月１日から施行する。

（注）　この条例の公布の日は，令和元年10月１日である。

⑶　特定の事実の発生に係らせる方法

当該条例等と制度的に一体を成している他の法令等と連動する

場合などに用いられる方法である。

例１

附　則

この条例は，○○法の一部を改正する法律（令和２年法律第○号）の施行の日（令和２年10月１日）から施行する。

例２

附　則

この条例は，次の一般選挙から施行する。

⑷　条例等の一部の規定について施行期日を異ならせる方法

例１

附　則

この条例は，公布の日から施行する。ただし，第○条及び第×条の規定は，令和○年○月○日から施行する。

例２

附　則

この条例中第○条の規定は令和○年○月○日から，第×条の規定は同年△月△日から，その他の規定は公布の日から施行する。

例３

附　則

この条例は，公布の日から施行する。ただし，第○条から第×条までの規定は，公布の日から起算して○月を超えない範囲内において規則で定める日から施行する。

⑸　他の条例等に委任する方法

当該条例等の施行の準備に要する期間が明らかでない，当該条例等の改正が法律の改正に基づくもので当該法律の施行日が確定できない等の理由から当該条例等の附則で施行期日を確定的に定めることができないような場合に用いられる方法である。

ただし，このような場合であっても，全くの白紙委任は適当ではないので，定めるべき施行期日の最終期限を当該条例等に定めておくことが適当である。

例

附　則

この条例は，公布の日から起算して３月を超えない範囲内において規則で定める日から施行する。

４　経過措置に関する規定

条例等が制定改廃された場合には，今までの制度から新しい制度に円滑に移行できるように，既得の権利，地位等を尊重して従来の制度をある程度容認したり，新しい制度についての特例を設けるなどの経過的措置を講ずることが必要なことがあり，このような措置を講ずるための規定を経過規定という。

経過規定の内容は，おおむね次のようなものがある。

(1)　新旧条例等の適用関係に関する規定
(2)　旧条例等による行為の効力に関する規定
(3)　従来の一定の状態を新条例等が容認する場合の規定
(4)　旧条例等による文書，物件等の取扱いに関する規定
(5)　罰則の適用に関する経過規定
(6)　本則の規定によるものの例外的又は補完的な取扱いに関する規定

(1)　新旧条例等の適用関係に関する規定

ア　新旧条例等の適用区分に関する規定

条例等の適用とは，条例等の規定が，個別的，具体的に当てはめられて作用することをいう。通常の場合は，施行期日を定めれば，施行期日以後その条例等は適用になり，特別に適用関係を定める必要はない。しかし，施行期日を定めただけでは，新条例等の規定が，どのような対象に対して適用されるかが明らかにならない場合がある。このような場合に，施行期日とは別に適用関係に関する規定を置く必要がある。

例

附　則

1　この条例は，令和○年○月○日から施行する。

2　この条例による改正後の職員等の旅費に関する条例の規定は，この条例の施行の日（以下「施行日」という。）以後に出発する旅行及び施行日前に出発し，かつ，施行日以後に完了する旅行のうち施行日以後の期間に対応する分について適用し，当該旅行のうち施行日前の期間に対応する分及び施行日前に完了した旅行については，なお従前の例による。

イ　遡及適用に関する規定

遡及適用とは，条例等の効力を遡って適用することをいう。条例等の施行に当たり，こうした遡及規定が置かれることがしばしばある。ただし，遡及規定は，過去の法律関係を覆すことになるので，一定の制約がある。例えば，罰則の遡及適用は，憲法第39条により許されないものであり，また，既得の権利・地位を害するような遡及適用は，強い公共の福祉に合致しない限り許されないと解されている。

例

附　則

（施行期日）

１　この条例は，公布の日から施行し，令和元年10月１日から適用する。

（注）　公布の日は，令和２年３月31日である。

(2)　旧条例等による行為の効力に関する規定

旧条例等による行為を新条例による行為と同一に取り扱う場合には次のようにする。

例

４　この規則の施行の際現にこの規則による改正前の財務関係規則の規定に基づいてなされた許可，承認，指示，決定その他の処分又は申請，届出その他の手続は，この規則の相当規定に基づいてなされた処分又は手続とみなす。

(3)　従来の一定の状態を新条例等が容認する場合の規定

従来自由に行うことができた事業が，新条例等により許可，登録，届出等を要することとなった場合には，既得の権利・地位を保護するため，一定期間，当該許可等を受けないでも当該事業を行うことができる規定を置くことがある。

例

２　この条例施行の際現に魚介類の行商を営んでいる者は，この条例施行の日から５年間に限り第４条第１項の許可を受けた者とみなす。

(4) 旧条例等による文書，物件等の取扱いに関する規定

旧規定に基づいて交付された免許証，証明書等の効力について，新条例においても効力を有する旨の規定を置くことがある。

例

（経過規定）

2　この条例施行の際現にこの条例による改正前の規定により交付してある免許証，調査員証等の証票は，この条例による改正後の相当規定により交付したものとみなす。

(5) 罰則の適用に関する経過規定

犯罪時の罰則が裁判時に廃止されている場合には，免訴の判決をすべきものとされている（刑事訴訟法第337条第２号）。また，裁判時の罰則が犯罪時の罰則よりも軽くなっていれば，その軽い刑を適用すべきこととなる（刑法第６条）。しかし，罰則の規定が改廃されたために，行為者が全く処罰されなかったり，他の行為者より軽く処罰されたりすることは，同じ行為によって既に処罰を受けている者との均衡を失することとなり，また，罰則の廃止後も行為の反社会性を追及しなければならないこともある。このような場合に，刑事政策上，改廃前と同じ罰則を適用するための経過規定が必要となる。

例

2　この条例の施行前にした行為に対する罰則の適用については，なお従前の例による。

⑹　本則の規定によるものの例外的又は補完的な取扱いに関する規定

おおむね次のような規定をしている。

例１

（経過措置）

２　この規則施行の際，この規則による改正前の○○県自転車駐車場条例施行規則の規定に基づき作成された様式の用紙で，現に残存するものは，必要な改定を加えたうえ，なお当分の間，使用することができる。

例２

（経過措置）

２　この規則の施行の際現ににほんざるを，飼養し，又は保管されている檻を用いる施設であって，当該施設においてにほんざるが人の生命，身体又は財産に対する害を加えるおそれがないと知事が特に認めるものについては，当分の間，別表第２に規定する施設の基準は，適用しない。

５　既存の他の条例等の改廃に関する規定

条例等の制定改廃に伴い，既存の条例等を改廃する必要が生じる場合は，当該改廃は，改廃の原因となった条例等の附則で処理することとされている。

例１　（廃止する場合）

２　次に掲げる条例は，廃止する。

⑴　○○県狂犬病予防等対策審議会条例（昭和○○年○○県条例第○号）

⑵　飼い犬等取締条例（昭和○○年○○県条例第○○号）

例２　（改正する場合）

（一般職の職員の特殊勤務手当に関する条例の一部改正）

２　一般職の職員の特殊勤務手当に関する条例（昭和○○年○○県条例第○号）の一部を次のように改正する。

第15条第１項第２号中「商工水産部商工課」を「商工労働部商工課」に改める。

６　有効期限に関する規定

条例等にあらかじめ終期を定めておく場合があるが，このような法令を「限時法」といい，終期が到来した場合には，その条例を廃止する措置をとらなくても自動的にその効力を失う。

例１

２　この条例は，令和○年８月31日限り，その効力を失う。

例２

（この法律の失効）

２　この法律は，この法律の施行後20年を経過した日に，その効力を失う。

例３

２　この法律は，国際科学技術博覧会の終了の日から起算して１年を経過した日にその効力を失う。

「限時法」は，当該条例等が施行された後の呼称であり，公布されてから施行されるまでは「時限立法」と呼ばれる。

第２章　訓　令

第１　はじめに

訓令の意義，効力等については，既に述べたところである（第１編第２章第３参照）。

訓令の形式は，条例等の形式に準じて規定形式によるものが通例である。

訓令の改廃についても，条例・規則の例に準じて考えればよいが，ここでは，若干の留意事項について述べることとする。

第２　基本形式

１	訓令番号	○○県訓令第○号
２	受訓先	○　　　　　○×× ○　○　○　○××
３	制定文	×○○県○○規程を次のように定める。
４	制定年月日	××令和○年○月○日
５	制定者名	○○県知事×○○×○○××
６	題名	×××○○県○○規程
７	目次	目次 ×第１章×総則（第１条―第６条） ×第２章×………… 　…………………………… ×附則

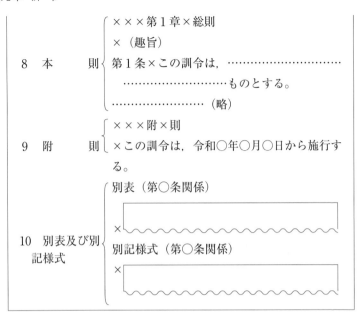

8　本　　則	×××第1章×総則 ×（趣旨） 第1条×この訓令は，……………………… 　………………………ものとする。 ……………………（略）
9　附　　則	×××附×則 ×この訓令は，令和○年○月○日から施行する。
10　別表及び別記様式	別表（第○条関係） ×［　　　］ 別記様式（第○条関係） ×［　　　］

1　訓令番号

同一性の表示と検索の便のため，最初に訓令番号を記載する。

2　受訓先

受訓先は，おおむね次の表のように記載する（県の場合）。

受　訓　先	記　載　方　法
本庁全般に対する場合	庁中一般
本庁の特定の部課に対する場合	○○部 ○○部○○課 (県名は冠しない。)
出先機関全般に対する場合	出先機関一般
同種の出先機関全般に対する場合	各県税事務所 各土木事務所

	（各で一括し，県名等は付けない。）
特定の出先機関に対する場合	当該出先機関の正式名称
地方自治法第150条の規定に基づき市町村長に対する場合	○○市長 ○○町長
受訓先が2以上ある場合	並列する 　例 　庁中一般 　出先機関一般

3　附　則

附則で施行期日を規定する場合には，「この訓令は，令和○年○月○日から施行する。」と記載し，「この訓令は，公布の日から施行する。」とはしない（訓令には公布文がないため。）。

第3　改　正

1　一部改正の場合

例

○○県訓令第○号

○　　　○××

○　○　○　○××

×○○県○○規程の一部を改正する訓令を次のように定める。

××令和○年○月○日

○○県知事×○○×○○××

×××○○県○○規程の一部を改正する訓令

×○○県○○規程（昭和○○年○○県訓令第○号）の一部を次のように改正する。

×第3条第2項中「………」を「……………」に改め，同条第

3項中「………」の次（注　縦書きの場合は，「下」）に「……」を加える。
…………………　（略）
×××附×則
×この訓令は，令和○年○月○日から施行する。

2　全部改正の場合

例
○○県訓令第○号
○　○　○　○××
×○○県○○規程を次のように定める。
××令和○年○月○日
○○県知事×○○×○○××
×××○○県○○規程
×○○県○○規程（昭和○○年○○県訓令第○号）の全部を改正する。
（趣旨）
第1条　この訓令は，……………………………………………………
……………必要な事項を定めるものとする。
（……）
第2条　……………………………………………………………………
………………（略）
×××附×則
×この訓令は，令和○年○月○日から施行する。

第4　廃止の場合

例

○○県訓令第○号

○　○　○　○××

×○○県○○規程を廃止する訓令を次のように定める。

××令和○年○月○日

○○県知事×○○×○○××

×××○○県○○規程を廃止する訓令

×○○県○○規程（昭和○○年○○県訓令第○号）は，廃止する。

×××附×則

×この訓令は，令和○年○月○日から施行する。

第3章　告　示

第1　はじめに

告示の意義，効力等については，既に述べたところである（第1編第2章第4参照）。

告示の形式には，条例・規則の形式に準じて規程形式によるものと，規程形式によらないものとがある。どちらの形式によるかは明確な基準はないが，一般的に規程方式は，内容が複雑なものの場合にとられることが多い。告示の改廃についても，条例・規則の例に準じて考えればよいが，ここでは，若干の留意事項について述べることとする。

第2　基本形式

1　規程形式の場合

例

1　告示番号｛○○県告示第○号

2　告　示　文｛×○○県○○要綱を次のように定め，令和○年○月○日から適用する。

3　告示年月日｛××令和○年○月○日

4　告示者名｛　　　　　　　　○○県知事×○○×○○××

5　題　　　名｛×××○○県○○要綱

6　目　　　次｛目次
×第1章×総則（第1条―第3条）
……………………………

7　告示の内容	×××第1章　…… ×（趣旨） 第1条×この告示は，………………………… 　…………………………ものとする。 …………………（略）
8　別表及び別記様式	別表（第○条関係） × 別記様式（第○条関係） ×

(1)　告示番号

同一性の表示と検索の便のため，最初に告示番号を記載する。

(2)　根拠規定

告示は，根拠となる法令を掲げるのが通例である。

(3)　告示内容

告示の内容が簡潔なものである場合は，根拠を引用する文言の下に続けてその内容を書き，複雑である場合は，「次のように○○○」という表現を使い，告示年月日及び告示者名の次に内容を記載する。

(4)　施行・適用

告示は公示の形式でなされるものであるから，告示には施行期日に関する附則を通常必要としない。

告示文中において，施行（適用）期日を定めない場合は，告示された日から効力を生じることになる。

2　規程形式以外の場合

例

1　告示番号｛○○県告示第○号

2　告　示　文｛×○○○法（昭和○○年法律第○号）第○条の規定により………………を次のように指定し，令和○○年○月○日から適用する。

3　告示年月日｛××令和○年○月○日

4　告示者名｛　　　　　　　○○県知事×○○×○○××

5　告示の内容｛1×………………………………………………………………。
2×……………………………………………。

第3　改正の方法

1　規程形式の場合

例

○○県告示第○号

×○○県○○○要綱（昭和○○年○○県告示第○○号）の一部を次のように改正し，令和○年○月○日から適用する。

××令和○年○月○日

　　　　　　　　　　○○県知事×○○×○○××

×第3条第1項中「………」を「…………」に改める。

×別記様式第2号中「……」を「…………」に改める。

　……………………（以下略）

2　規程形式以外の場合

例
○○県告示第○号
×……………………………に関する告示（昭和○○年○○県告示第○○号）の一部を次のように改正し，令和○年○月○日から適用する。
××令和○年○月○日
○○県知事×○○×○○××
×○○○の項中「……」を「………」に改める。…………（以下略）

全部改正の方法はとらず，その場合には，新しく告示を制定するとともに，従来の告示を廃止することとする。

第4　廃止の方法

1　規程形式の場合

(1)　単純廃止の場合

例
○○県告示第○号
×○○県○○要綱（昭和○○年○○県告示第○号）は，廃止する。
××令和○年○月○日
○○県知事×○○×○○××

(2)　附則を設ける場合

例
○○県告示第○号
×○○県○○要綱を廃止する告示を次のように定める。
××令和○年○月○日
○○県知事×○○×○○××
×××○○県○○要綱を廃止する告示
×○○県○○要綱（昭和○○年○○県告示第○号）は，廃止する。
×××附×則
×この告示は，令和○年△月△日から施行する。

2　規程形式以外の場合

例
○○県告示第○号
×○○○法（昭和○○年法律第○○号）第○○条の規定による…………………………を次のように定め，令和○○年○月○日から適用し，○○○○○に関する告示（昭和○○年○○県告示第○○号）は，廃止する。
××令和○年○月○日
○○県知事×○○×○○××
1　……………………………………。
2　………………………………。

第４章　公　告

第１　はじめに

公告の意義等については，既に述べたところである（第１編第２章第５参照）。

ここでは，公告の基本形式に関する留意事項について述べることとする。

第２　基本形式

公告の内容は，多種多様であるが，おおよそ次のようなものがある。

１　行政行為を行ったことの公表

２　各種試験，講習会等の実施

３　公聴会，聴聞会等の開催

例

宅地建物取引業者の業務の停止

×宅地建物取引業法（昭和27年法律第176号）第65条第２項の規定に基づき，次のとおり宅地建物取引業者に対し，その業務の停止を命じた。

××令和○年○月○○日

○○県知事××氏　　　　　名××

１×処分を受けた者の住所及び氏名

（略）

２×処分の内容

（略）

① 公告には番号を付けない。

② 題名，附則は付けない。

第５章　主な法令用語の用い方

法令に用いられている用語の中には，同じような意味の言葉で使い分けられているものがあるので，それらのうち主なものを掲げる。

１　「及び」と「並びに」

共に併合的な接続詞であるが，接続関係が単一であるときは，接続される語又は語句がいくつあっても，途中の段階は読点で継ぎ，最後の語句を「及び」で結ぶ。これに対し接続される語句に段階がある複雑な文章では，一番小さい接続を「及び」で結び，他の接続には「並びに」を重複して用いる。

例　国並びに都道府県，市町村及び財産区

２　「又は」と「若しくは」

共に選択的な接続詞であるが，接続関係が単一であるときは，接続される語又は語句がいくつあっても，途中の段階は読点で継ぎ，最後の語句を「又は」で結ぶ。接続される語句に段階があるときは，一番大きな接続にのみ「又は」を用い，他は「若しくは」を重複して用いる。

例　病院，住宅，浴場等の営造物を設置し，若しくは管理し，又はこれらを使用する権利を規制すること。

注　列記した語句を「等」，「その他」等でくくる場合は，「及び」，「又は」等の接続詞は用いない。

例　許可，認可，承認等の文書

３　「その他」と「その他の」

「その他」は，特記された事項と「その他」の後に表示された語句とが一部対全部の関係ではなく，単に並列的な例示関係にある場

合に用いられる。「その他の」は，「その他の」の前に出てくる語句は，後に出てくる一層意味内容の広い言葉の一部を成すものとして，その例示的な役割を果たす趣旨で使われている。例えば，「事務官その他政令で定める者」と言えば，政令で定めるのは事務官以外の者になるが，「事務官その他の政令で定める者」なら，政令では事務官を含めた者について定めることとなる。

4　「者」，「物」及び「もの」

「者」は，法律上の人格をもつ対象の単数及び複数を指す。「物」は，人格者を除く有体物を総称する語であって，この場合は，必ず漢字の物の字を用いる。「もの」は，者又は物では表現できない抽象的なものを表現する場合及び人格なき社団，財団等を表現する場合に多く用いられている。

なお，「……である者で……に該当するもの」というように，外国語の関係代名詞に当たる言葉として，ある特定の者又は物等を限定的に説明する場合に「もの」が用いられる。

例　○○にある物で××が所有するもの

5　「場合」，「時」，「とき」及び「ところ」

「場合」は，仮定的条件又は既に規定された事例を引用する包括的条件を示す語として用いられる。

例　「災害のあった場合」と「前条の場合」

「時」は，ある時点を瞬間的にとらえて表現する場合に用いられる。

例　受領した時効力を生ずる。

「とき」は，仮定的条件を示す語で，「場合」と類似した意味にも用いられるが，仮定的条件が二つ重なる場合は，「……をすべき場合において……をしなかったとき」というように，大きい条件を「場合」で示し，小さい条件を「とき」で示す。

例　登録又は仮登録を受けた法人が解散した場合においてその清算

が終了したとき。

「ところ」は，それで受ける規定の内容全体を包括的に代表する代名詞の用をなす。

更に，将来規定されるであろうという他の法令の内容を予定する意味でも用いる。

例　「政令で定めるところにより」

6　「推定する」と「みなす」

「推定する」は，当事者間に特別の取決めのない場合あるいは反証の挙がらない場合は，ある事実につき法令が自ら一応かくあるであろうという判断を下す意味に用いられる。これに対して，「みなす」は，本来異なるものを他のものと法令上認定してしまう意味に用いられる。したがって，「みなす」場合は，当事者間の取決めや反証があっても覆せないことになる。

7　「以上」と「超える」，「以下」と「未満」，「以前」と「前」及び「以後」と「後」

これらは，数量的又は時間的比較をする場合に用いられるが「以」の付いた語は，どれも起算点又は基準点となる時間又は数量を含むのに対し，他は，これを含まない。

例　10万円以上
10万円以下　}10万円を含む。

10万円を超える
10万円未満　}10万円を含まない。

11月15日以前
11月15日以後　}11月15日を含む。

11月15日前
11月15日後　}11月15日を含まない。

8　「この限りでない」

これは，ただし書の語尾に用いられる語句であり，主文章の規定の例外を示すために用いられる。

例　……してはならない。ただし，……の場合は，この限りでない。

注意すべき点は，この語句は，消極的にある規定の部分を否定しているにすぎないのであって，否定した上で更に積極的に別の内容を決めるまでの意味を持たないということである。

9　「準用する」，「適用する」及び「例による」

「準用」は，本来ある場合のために規定されている規定を，それとは多少異なるが大体類似している場合にも，多少字句に変更を加えて適用するというときに使用される。これと対比される語に「適用」があるが，これは，ある場合のために規定されている規定をその場合にそのまま当てはめるというときに使用されるものである。

「例による」も「準用する」とほぼ同義であるが，異なる点は，「準用する」の場合には，そこに示された規定のみが準用の対象となるが，「例による」の場合には，ある一定の手続なり，事項なりが，当該法律及びこれに基づく政令，省令等を含めて包括的に，その場合に当てはめられるということである。

10　「改正する」と「改める」

法令を改正する場合に，法令の改正全体をとらえて言うときは「改正する」を用い，法令改正中の各部分について言う場合は「改める」が用いられている。

例　自治省設置法の一部を改正する法律

自治省設置法（昭和27年法律第261号）の一部を次のように改正する。

例　第○○条を次のように改める。

第○○条中「○○」を「○○○○」に改める。

11　「削る」と「削除」

法令の一部を改正する場合に，改正される法令中の改められる部分の規定を跡形もなく消す場合には「削る」を用いる。これに対して，その条名又は号名を残して規定の内容を消す場合には，「第何条　削除」，「四　削除」というように「削除」という字句が置き換えられる。「削る」という場合には，例えば，ある法律の中途の条文が削られると，その条が空白になるから，以下条文の条名を繰り上げる必要が生じるが，「削除」の場合には，「第何条　削除」という形が残るから，以下の条文の条名は，そのままである。

第3編 資 料 編

○法令における漢字使用等について（通知）

（平 成 22 年 11 月 30 日
内閣法制局総総第208号
内 閣 法 制 次 長 通 知）

平成22年11月30日付け内閣告示第２号をもって「常用漢字表」が告示され，同日付け内閣訓令第１号「公用文における漢字使用等について」が定められたことに伴い，当局において，法令における漢字使用等について検討した結果，別紙のとおり「法令における漢字使用等について」（平成22年11月30日付け内閣法制局長官決定）を定め，実施することとしましたので，通知します。

なお，昭和29年11月25日付け法制局総発第89号の「法令用語改善の実施要領」（同実施要領の別紙「法令用語改正要領」を含む。）及び昭和56年10月１日付け内閣法制局総発第141号の「法令における漢字使用等について」は，本日付けで廃止しますので，併せて通知します。

（別　紙）

平成22年11月30日付け内閣告示第２号をもって「常用漢字表」が告示され，同日付け内閣訓令第１号「公用文における漢字使用等について」が定められたことに伴い，法令における漢字使用等について，次のように定める。

平成22年11月30日

内閣法制局長官

法令における漢字使用等について

1　漢字使用について

(1)　法令における漢字使用は，次の(2)から(6)までにおいて特別の定めをするもののほか，「常用漢字表」（平成22年内閣告示第2号。以下「常用漢字表」という。）の本表及び付表（表の見方及び使い方を含む。）並びに「公用文における漢字使用等について」（平成22年内閣訓令第1号）の別紙の1「漢字使用について」の(2)によるものとする。また，字体については，通用字体を用いるものとする。

なお，常用漢字表により漢字で表記することとなったものとしては，次のようなものがある。

挨拶　宛先　椅子　咽喉　隠蔽　鍵　覚醒　崖
玩具　毀損　亀裂　禁錮　舷　拳銃　勾留　柵
失踪　焼酎　処方箋　腎臓　進捗　整頓　脊柱
遡及　堆積　貼付　賭博　剝奪　破綻　汎用
氾濫　膝　肘　払拭　閉塞　捕捉　補塡
哺乳類　蜜蜂　明瞭　湧出　拉致　賄賂　関わる
鑑みる　遡る　全て

(2)　次のものは，常用漢字表により，（　）の中の表記ができることとなったが，引き続きそれぞれ下線を付けて示した表記を用いるものとする。

<u>壊滅</u>（潰滅）　<u>壊乱</u>（潰乱）　<u>決壊</u>（決潰）
<u>広範</u>（広汎）　<u>全壊</u>（全潰）　<u>倒壊</u>（倒潰）
<u>破棄</u>（破毀）　<u>崩壊</u>（崩潰）　<u>理屈</u>（理窟）

(3)　次のものは，常用漢字表により，下線を付けて示した表記ができることとなったので，（　）の中の表記に代えて，それぞれ下線を付けて示した表記を用いるものとする。

臆説（憶説）　臆測（憶測）　肝腎（肝心）

⑷　次のものは，常用漢字表にあるものであっても，仮名で表記するものとする。

虞・恐れ　→　おそれ

且つ　→　かつ

従って（接続詞）　→　したがって

但し　→　ただし

但書　→　ただし書

外・他　→　ほか

又　→　また（ただし，「または」は「又は」と表記する。）

因る　→　よる

⑸　常用漢字表にない漢字で表記する言葉及び常用漢字表にない漢字を構成要素として表記する言葉並びに常用漢字表にない音訓を用いる言葉の使用については，次によるものとする。

ア　専門用語等であって，他に言い換える言葉がなく，しかも仮名で表記すると理解することが困難であると認められるようなものについては，その漢字をそのまま用いてこれに振り仮名を付ける。

【例】

暗渠（きょ）　按（あん）分　蛾（が）　瑕疵（かし）　管渠（きょ）　涵（かん）養　強姦（かん）　砒（ひ）素　埠（ふ）頭

イ　次のものは，仮名で表記する。

拘わらず　→　かかわらず

此　→　この

之　→　これ

其　→　その
煙草　→　たばこ
為　→　ため
以て　→　もって
等（ら）　→　ら
猥褻　→　わいせつ

ウ　仮名書きにする際，単語の一部だけを仮名に改める方法は，できるだけ避ける。

【例】

斡旋　→　あっせん（「あっ旋」は用いない。）
煉瓦　→　れんが（「れん瓦」は用いない。）

ただし，次の例のように一部に漢字を用いた方が分かりやすい場合は，この限りでない。

【例】

あへん煙　えん堤　救じゅつ　橋りょう　し尿
出えん　じん肺　ため池　ちんでん池　でん粉
てん末　と畜　ばい煙　排せつ　封かん　へき地
らく印　漏えい

エ　常用漢字表にない漢字又は音訓を仮名書きにする場合には，仮名の部分に傍点を付けることはしない。

⑹　次のものは，（　）の中に示すように取り扱うものとする。

匕　首（用いない。「あいくち」を用いる。）
委　棄（用いない。）
慰藉料（用いない。「慰謝料」を用いる。）
溢　水（用いない。）
違　背（用いない。「違反」を用いる。）
印　顆（用いない。）
湮　滅（用いない。「隠滅」を用いる。）

苑　地（用いない。「園地」を用いる。）
汚　穢（用いない。）
解　止（用いない。）
戒　示（用いない。）
灰　燼（用いない。）
改　訂・改　定（「改訂」は書物などの内容に手を加えて正すことという意味についてのみ用いる。それ以外の場合は「改定」を用いる。）
開　披（用いない。）
牙　保（用いない。）
勧　解（用いない。）
監　守（用いない。）
管　守（用いない。「保管」を用いる。）
陥　穽（用いない。）
干　与・干　預（用いない。「関与」を用いる。）
義　捐（用いない。）
汽　罐（用いない。「ボイラー」を用いる。）
技　監（特別な理由がある場合以外は用いない。）
規　正・規　整・規　制（「規正」はある事柄を規律して公正な姿に当てはめることという意味についてのみ，「規整」はある事柄を規律して一定の枠に納め整えることという意味についてのみ，それぞれ用いる。それ以外の場合は「規制」を用いる。）
覊　束（用いない。）
吃　水（用いない。「喫水」を用いる。）
規　程（法令の名称としては，原則として用いない。「規則」を用いる。）
欺　瞞（用いない。）

欺　罔（用いない。）

狭　隘（用いない。）

饗　応（用いない。「供応」を用いる。）

驚　愕（用いない。）

魚　艙（用いない。「魚倉」を用いる。）

紀　律（特別な理由がある場合以外は用いない。「規律」を用いる。）

空気槽（用いない。「空気タンク」を用いる。）

具　有（用いない。）

繋　船（用いない。「係船」を用いる。）

繋　属（用いない。「係属」を用いる。）

計　理（用いない。「経理」を用いる。）

繋　留（用いない。「係留」を用いる。）

懈　怠（用いない。）

牽　連（用いない。「関連」を用いる。）

溝　渠（特別な理由がある場合以外は用いない。）

交叉点（用いない。「交差点」を用いる。）

更　代（用いない。「交代」を用いる。）

弘　報（用いない。「広報」を用いる。）

骨　牌（用いない。「かるた類」を用いる。）

戸　扉（用いない。）

誤　謬（用いない。）

詐　偽（用いない。「偽り」を用いる。）

鑿　井（用いない。）

作　製・作　成（「作製」は製作（物品を作ること）という意味についてのみ用いる。それ以外の場合は「作成」を用いる。）

左　の（「次の」という意味では用いない。）

鎖　鑰（用いない。）
撒水管（用いない。「散水管」を用いる。）
旨　趣（用いない。「趣旨」を用いる。）
枝　条（用いない。）
首　魁（用いない。「首謀者」を用いる。）
酒　精（用いない。「アルコール」を用いる。）
鬚　髯（用いない。）
醇　化（用いない。「純化」を用いる。）
竣　功（特別な理由がある場合以外は用いない。「完成」を用いる。）
傷　痍（用いない。）
焼　燬（用いない。）
銷　却（用いない。「消却」を用いる。）
情　況（特別な理由がある場合以外は用いない。「状況」を用いる。）
檣　頭（用いない。「マストトップ」を用いる。）
証　標（用いない。）
証　憑・憑　拠（用いない。「証拠」を用いる。）
牆　壁（用いない。）
塵　埃（用いない。）
塵　芥（用いない。）
侵　蝕（用いない。「侵食」を用いる。）
成　規（用いない。）
窃　用（用いない。「盗用」を用いる。）
船　渠（用いない。「ドック」を用いる。）
洗　滌（用いない。「洗浄」を用いる。）
僣　窃（用いない。）
総　轄（用いない。「総括」を用いる。）

齟　齬（用いない。）
疏　明（用いない。「疎明」を用いる。）
稠　密（用いない。）
通　事（用いない。「通訳人」を用いる。）
定繫港（用いない。「定係港」を用いる。）
呈　示（用いない。「提示」を用いる。）
停　年（用いない。「定年」を用いる。）
捺　印（用いない。「押印」を用いる。）
売　淫（用いない。「売春」を用いる。）
配　付・配　布（「配付」は交付税及び譲与税配付金特別会計のような特別な場合についてのみ用いる。それ以外の場合は「配布」を用いる。）
蕃　殖（用いない。「繁殖」を用いる。）
版　図（用いない。）
誹　毀（用いない。）
彼　此（用いない。）
標　示（特別な理由がある場合以外は用いない。「表示」を用いる。）
紊　乱（用いない。）
編　綴（用いない。）
房　室（用いない。）
膨　脹（用いない。「膨張」を用いる。）
法　例（用いない。）
輔　助（用いない。「補助」を用いる。）
満限に達する（特別な理由がある場合以外は用いない。「満了する」を用いる。）
宥　恕（用いない。）
輸　贏（用いない。）

踰　越（用いない。）

油　槽（用いない。「油タンク」を用いる。）

落　磐（用いない。「落盤」を用いる。）

臨　検・立入検査（「臨検」は犯則事件の調査の場合についてのみ用いる。それ以外の場合は「立入検査」を用いる。）

鄰　佑（用いない。）

狼　狽（用いない。）

和　諧（用いない。「和解」を用いる。）

2　送り仮名の付け方について

(1)　単独の語

ア　活用のある語は，「送り仮名の付け方」（昭和48年内閣告示第2号の「送り仮名の付け方」をいう。以下同じ。）の本文の通則1の「本則」・「例外」及び通則2の「本則」の送り仮名の付け方による。

イ　活用のない語は，「送り仮名の付け方」の本文の通則3から通則5までの「本則」・「例外」の送り仮名の付け方による。

［備考］　表に記入したり記号的に用いたりする場合には，次の例に示すように，原則として，（　）の中の送り仮名を省く。

【例】

晴（れ）　曇（り）　問（い）　答（え）　終（わり）　生（まれ）

(2)　複合の語

ア　イに該当する語を除き，原則として，「送り仮名の付け方」の本文の通則6の「本則」の送り仮名の付け方による。ただし，活用のない語で読み間違えるおそれのない語については，「送り仮名の付け方」の本文の通則6の「許容」の送り仮名の付け方により，次の例に示すように送り仮名を省く。

【例】

明渡し　預り金　言渡し　入替え　植付け
魚釣用具　受入れ　受皿　受持ち　受渡し　渦巻
打合せ　打合せ会　打切り　内払　移替え　埋立て
売上げ　売惜しみ　売出し　売場　売払い　売渡し
売行き　縁組　追越し　置場　贈物　帯留　折詰
買上げ　買入れ　買受け　買換え　買占め　買取り
買戻し　買物　書換え　格付　掛金　貸切り
貸金　貸越し　貸倒れ　貸出し　貸付け　借入れ
借受け　借換え　刈取り　缶切　期限付　切上げ
切替え　切下げ　切捨て　切土　切取り　切離し
靴下留　組合せ　組入れ　組替え　組立て
くみ取便所　繰上げ　繰入れ　繰替え　繰越し
繰下げ　繰延べ　繰戻し　差押え　差止め　差引き
差戻し　砂糖漬　下請　締切り　条件付　仕分
据置き　据付け　捨場　座込み　栓抜　備置き
備付け　染物　田植　立会い　立入り　立替え
立札　月掛　付添い　月払　積卸し　積替え
積込み　積出し　積立て　積付け　釣合い　釣鐘
釣銭　釣針　手続　問合せ　届出　取上げ
取扱い　取卸し　取替え　取決め　取崩し　取消し
取壊し　取下げ　取締り　取調べ　取立て　取次ぎ
取付け　取戻し　投売り　抜取り　飲物　乗換え
乗組み　話合い　払込み　払下げ　払出し　払戻し
払渡し　払渡済み　貼付け　引上げ　引揚げ
引受け　引起し　引換え　引込み　引下げ　引締め
引継ぎ　引取り　引渡し　日雇　歩留り　船着場
不払　賦払　振出し　前払　巻付け　巻取り

見合せ　見積り　見習　未払　申合せ　申合せ事項
申入れ　申込み　申立て　申出　持家　持込み
持分　元請　戻入れ　催物　盛土　焼付け
雇入れ　雇主　譲受け　譲渡し　呼出し　読替え
割当て　割増し　割戻し

イ　活用のない語で慣用が固定していると認められる次の例に示すような語については，「送り仮名の付け方」の本文の通則7により，送り仮名を付けない。

【例】

合図　合服　合間　預入金　編上靴　植木
(進退) 伺　浮袋　浮世絵　受入額　受入先
受入年月日　請負　受付　受付係　受取　受取人
受払金　打切補償　埋立区域　埋立事業　埋立地
裏書　売上 (高)　売掛金　売出発行　売手　売主
売値　売渡価格　売渡先　絵巻物　襟巻　沖合
置物　奥書　奥付　押売　押出機　覚書
(博多) 織　折返線　織元　織物　卸売　買上品
買受人　買掛金　外貨建債権　概算払　買手　買主
買値　書付　書留　過誤払　貸方　貸越金　貸室
貸席　貸倒引当金　貸出金　貸出票　貸付 (金)
貸主　貸船　貸本　貸間　貸家　箇条書　貸渡業
肩書　借入 (金)　借受人　借方　借越金　刈取機
借主　仮渡金　缶詰　気付　切手　切符
切替組合員　切替日　くじ引　組合　組入金
組立工　倉敷料　繰上償還　繰入金　繰入限度額
繰入率　繰替金　繰越 (金)　繰延資産　消印
月賦払　現金払　小売　小売 (商)　小切手　木立
小包　子守　献立　先取特権　作付面積　挿絵

差押（命令）　座敷　指図　差出人　差引勘定
差引簿　刺身　試合　仕上機械　仕上工　仕入価格
仕掛花火　仕掛品　敷網　敷居　敷石　敷金
敷地　敷布　敷物　軸受　下請工事　仕出屋
仕立券　仕立物　仕立屋　質入証券　支払
支払元受高　字引　仕向地　事務取扱　事務引継
締切日　所得割　新株買付契約書　据置（期間）
（支出）済（額）　関取　備付品　（型絵）染
ただし書　立会演説　立会人　立入検査　立場
竜巻　立替金　立替払　建具　建坪　建値　建前
建物　棚卸資産　（条件）付（採用）　月掛貯金
付添人　漬物　積卸施設　積出地　積立（金）
積荷　詰所　釣堀　手当　出入口　出来高払
手付金　手引　手引書　手回品　手持品　灯台守
頭取　（欠席）届　留置電報　取扱（所）
取扱（注意）　取入口　取替品　取組　取消処分
（麻薬）取締法　取締役　取立金　取立訴訟
取次（店）　取付工事　取引　取引（所）　取戻請求権
問屋　仲買　仲立業　投売品　並木　縄張
荷扱場　荷受人　荷造機　荷造費　（春慶）塗
（休暇）願　乗合船　乗合旅客　乗換（駅）
乗組（員）　場合　羽織　履物　葉巻　払込（金）
払下品　払出金　払戻金　払戻証書　払渡金
払渡郵便局　番組　番付　控室　引当金
引受（時刻）　引受（人）　引換（券）　（代金）引換
引継事業　引継調書　引取経費　引取税　引渡（人）
日付　引込線　瓶詰　歩合　封切館　福引（券）
船積貨物　踏切　振替　振込金　振出（人）

不渡手形　分割払　(鎌倉)彫　掘抜井戸　前受金
前貸金　巻上機　巻紙　巻尺　巻物　待合(室)
見返物資　見込額　見込数量　見込納付　水張検査
水引　見積(書)　見取図　見習工　未払勘定
未払年金　見舞品　名義書換　申込(書)　申立人
持込禁止　元売業者　物置　物語　物干場
(備前)焼　役割　屋敷　雇入契約　雇止手当
夕立　譲受人　湯沸器　呼出符号　読替規定
陸揚地　陸揚量　両替　割合　割当額　割高
割引　割増金　割戻金　割安

［備考1］　下線を付けた語は，「送り仮名の付け方」の本文の通則7において例示された語である。

［備考2］　「売上（高)」，「(博多）織」などのようにして掲げたものは，（　）の中を他の漢字で置き換えた場合にも，「送り仮名の付け方」の本文の通則7を適用する。

⑶　付表の語

「送り仮名の付け方」の本文の付表の語（1のなお書きを除く。）の送り仮名の付け方による。

3　その他

⑴　1及び2は，固有名詞を対象とするものではない。

⑵　1及び2については，これらを専門用語及び特殊用語に適用するに当たって，必要と認める場合は，特別の考慮を加える余地があるものとする。

附　則

1　この決定は，平成22年11月30日から施行する。

2　この決定は，法律については次回国会（常会）に提出するものから，政令については平成23年1月1日以後最初の閣議に提出するものから，それぞれ適用する。

3　新たな法律又は政令を起案する場合のほか，既存の法律又は政令の改正について起案する場合（文語体の法律又は勅令を文体を変えないで改正する場合を除く。）にも，この決定を適用する。なお，この決定を適用した結果，改正されない部分に用いられている語の表記と改正される部分に用いられるこれと同一の内容を表す語の表記とが異なることとなっても，差し支えない。

4　署名の閣議に提出される条約については平成23年１月１日以後最初の閣議に提出されるものから，国会に提出される条約（平成23年１月１日以後最初の閣議より前に署名の閣議に提出された条約であって日本語が正文であるものを除く。）については次回国会（常会）に提出するものから，それぞれこの決定を適用する。なお，条約の改正についても，この決定を適用した結果，改正されない部分に用いられている語の表記と改正される部分に用いられるこれと同一の内容を表す語の表記とが異なることとなっても，差し支えない。

【注記】

平成22年11月30日付け内閣法制局総総第208号「法令における漢字使用等について」により，従前の昭和29年11月25日付け法制局総発第89号の「法令用語改善の実施要領」（同実施要領の別紙「法令用語改正要領」を含む。）及び昭和56年10月１日付け内閣法制局総発第141号の「法令における漢字使用等について」は，平成22年11月30日付けで廃止された。

○法令における拗（よう）音及び促音に用いる「や・ゆ・よ・つ」の表記について

（昭和63年7月20日
内閣法制局総発第125号）

一　法令における拗（よう）音及び促音に用いる「や・ゆ・よ・つ」の表記については，次に掲げる規定の部分を除き，昭和63年12月に召集される通常国会に提出する法律及び昭和64年1月以後の最初の閣議に提案する政令（以下「新基準法令」という。）から，小書きにする。

1　新基準法令以外の法律又は政令（以下「旧基準法令」という。）の一部を改正する場合において，その施行時に旧基準法令の一部として溶け込む部分

2　旧基準法令の規定を読み替えて適用し，又は準用する規定における読替え後の部分

3　漢字に付ける振り仮名の部分

二　条約についても，一に準ずる取扱いとする。

三　一及び二は，固有名詞を対象とするものではない。

（備考）

⑴　一の実施により，法律に用いられている語と当該法律に基づく政令に用いるこれと同一の語とが書き表し方において異なることとなつても差し支えない。

⑵　旧基準法令の一部を改正する場合又は読替え適用若しくは読替え準用を規定する場合に旧基準法令の規定の一部を引用するときは，その表記により引用することは当然である。

⑶　旧基準法令において例外的に小書きを用いている場合には，一1は適用せず，当該旧基準法令の表記に従つて改正する。

⑷　小書きにした「や，ゆ，よ，つ」は，タイプ又は印刷の配字

の上では一文字分として取り扱うものとし，（注）に示すように，上下の中心に置き，右端を上下の字の線にそろえる。

(5) 拗音及び促音に用いるカタカナの「ヤ，ユ，ヨ，ツ」については，従来から原則として小書きが行われてきており，今後も従来どおりの取扱いとする。

（注）

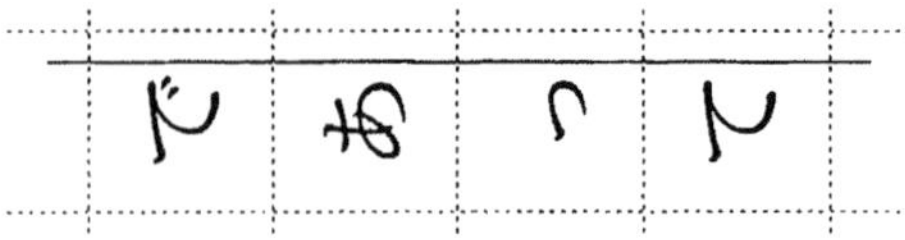

サービス・インフォメーション

通話無料

①商品に関するご照会・お申込みのご依頼
TEL 0120(203)694／FAX 0120(302)640
②ご住所・ご名義等各種変更のご連絡
TEL 0120(203)696／FAX 0120(202)974
③請求・お支払いに関するご照会・ご要望
TEL 0120(203)695／FAX 0120(202)973

●フリーダイヤル（TEL）の受付時間は、土・日・祝日を除く9:00～17:30です。
●FAXは24時間受け付けておりますので、あわせてご利用ください。

条例・規則作成の手引〔改訂版〕

1989年8月15日　初版第1刷発行
2020年1月30日　初版第24刷発行
2020年12月5日　改訂版第1刷発行
2022年6月30日　改訂版第3刷発行
編　集　地方自治法規実務研究会
発行者　田　中　英　弥
発行所　第一法規株式会社
〒107-8560　東京都港区南青山2-11-17
ホームページ　https://www.daiichihoki.co.jp/

条例・改　ISBN 978-4-474-07240-4　C2031　(5)